AF453776

LETTRES

SUR LA MARINE MILITAIRE.

LETTRES

SUR LA

MARINE MILITAIRE

A PROPOS DE LA REVUE DE SPITHEAD

PAR

XAVIER RAYMOND

Rédacteur du *Journal des Débats*.

PARIS

LIBRAIRIE MILITAIRE, MARITIME ET POLYTECHNIQUE
DE J. CORRÉARD
Libraire-éditeur et libraire-commissionnaire
RUE SAINT-ANDRÉ DES ARTS, 58.

1856

LETTRES

SUR LA

MARINE MILITAIRE

A PROPOS DE LA REVUE DE SPITHEAD

Par Xavier RAYMOND.

Rédacteur du *Journal des Débats.*

I

Portsmouth, le 23 avril 1854.

Monsieur,

Je viens d'assister au plus grand spectacle maritime qu'il ait jamais été donné aux yeux des hommes de pouvoir contempler. Conformément au programme qui avait été arrêté, la reine a passé aujourd'hui sa flotte en revue, et rien n'est venu

troubler cette imposante cérémonie ; le temps lui-
même semblait s'être mis de la partie, et tout autre
qu'un Anglais pourrait s'étonner qu'à cette époque
de l'année on soit tombé sur un jour si propice ;
mais ici cela a paru tout simple : les Anglais sont
persuadés que le ciel nébuleux de leur patrie s'em-
bellit toujours pour toutes les solennités où la reine
préside, et de fait nous avons eu ce qu'on appelle
communément ici le *queen's weather*, le temps de
la reine. Personne n'a été surpris de voir le soleil,
la mer calme et à peine ridée à sa surface par une
petite et faible brise du sud-est. Le ciel payait sa
dette à la reine et faisait honneur à la lettre de
change qu'une gracieuse Majesté avait tirée sur
lui.

Cette transparence réelle de l'air n'a pas été
l'un des moindres charmes d'une fête où figuraient
trois ou quatre cents navires à vapeur, et qui se
développait sur un espace de quelque vingt ou
trente lieues carrées d'eau, encadrées presque complétement par une ligne de côtes de dix ou douze
lieues de longueur, dont tous les points étaient gar-
nis d'une innombrable multitude. Un regard jeté
sur la carte la moins détaillée vous montrera, si
vous ne le connaissez déjà, ce que c'est que le vaste
Champ de Mars aquatique sur lequel la revue s'est
passée : c'est le bras de mer qui sépare l'île de
Wight de l'Angleterre proprement dite, en venant

par l'ouest, depuis le feu de Nab jusqu'à la rade
de Cowes, presque jusqu'à la grande rade de South-
ampton. Toutefois ce qu'une carte fera difficile-
ment comprendre, c'est l'aspect que présentaient
toutes ces terres, toutes ces plages du Hampshire,
toutes ces gracieuses collines de l'île de Wight uniformément couvertes de gens accourus de tous les
points des trois royaumes pour voir le grand spectacle. C'est par centaines de mille certainement
qu'il fallait compter toute cette multitude que la
puissance de la vapeur et l'inépuisable matériel des
chemins de fer permettent aujourd'hui de rassembler comme par enchantement. Ce sont là des succès dont nos aïeux et même la génération qui nous
a précédés n'ont jamais pu se faire une idée et qui
portent le cachet d'une grandeur véritable, malgré
tout ce qu'en peuvent dire les détracteurs de la civilisation moderne. Il est vrai cependant que si
l'on est parvenu à rassembler ainsi les multitudes,
nous ne sommes pas encore assez avancés pour
avoir fait des maisons élastiques qui puissent leur
assurer toujours un abri, comme il est vrai aussi
que la charité chrétienne n'est pas encore devenue
la loi du commerce. En dépit de ceux qui préten-
dent que l'économie politique n'a pas encore su
trouver de principes fixes, la loi qui dit que quand
la demande est de beaucoup supérieure à l'offre, le
prix des choses doit s'élever dans une proportion

correspondante, a reçu ces jours-ci à Portsmouth et dans les villes voisines une éclatante confirmation. On prétend qu'on a demandé jusqu'à 15 livres sterling (375 fr.) pour une chambre. Je sais, pour ma part, des gens qui ont payé 5 guinées (80 fr. environ) pour un lit : c'est déjà bien assez cher ; et comme il est certain que tout ce monde ne pouvait pas supporter des frais pareils, je suis assez tenté de croire à la vérité de ce qu'on raconte, à savoir, que bien des gens ont passé la nuit dans des chambres communes, assis sur des chaises ou tout simplement par terre ; qu'il en est même qui ont bivouaqué sur les glacis des remparts de Portsmouth. D'ailleurs il est difficile de croire qu'il n'aurait pu dans aucun cas en être autrement, car je doute que les villes de Portsmouth, de Ryde, de Portsea, etc., aient entre elles toutes, non pas seulement assez de chambres, mais assez de draps, de matelas, etc., pour héberger tout le monde que je viens d'apercevoir en parcourant cet immense panorama. Du reste, on savait bien ce qui allait arriver, et l'on en avait pris son parti d'avance sans mauvaise humeur : les Anglais sont gens à ne s'effrayer de rien quand il s'agit de satisfaire un intérêt de vive curiosité, de contribuer individuellement à rendre plus imposante une grande fête nationale, ce qu'ils regardent comme un devoir, et de défiler devant la reine en poussant des hourras, ce qu'ils regardent, dans la fervente simplicité de leurs sentiments monarchiques, comme un plaisir et comme un honneur.

Voilà le cadre du tableau ; quand à l'intérieur, figurez-vous ses bords remplis par une armée de navires de tous les genres, depuis la plus humble barque de pêcheur jusqu'aux yachts les plus élégants, depuis le simple bateau de passage armé d'une paire de rames jusqu'aux plus grands et plus magnifiques paquebots à vapeur que le génie humain ait encore construits. Le curieux portés sur tous ces bâtiments sont déjà plus favorisés que les autres ; mais cependant ils ne peuvent encore voir et suivre la revue qu'à distance. Il leur est défendu de traverser la ligne de la flotte, ils rôdent autour d'elle au gré de leurs caprices, mais maintenus par un certain nombre de bâtiments légers qui portent deux grosses balles noires à leur mât de misaine, véritables sergents de ville chargés de contenir les curieux et qui y réussissent passablement, jusqu'à ce que la fête étant sur le point de se terminer, la reine fait donner liberté de manœuvre à tout le monde et rentre alors à Portsmouth au milieu d'un véritable escadron de bateaux à vapeur dont les passagers la saluent des cris les plus enthousiastes, pendant que les vaisseaux et les frégates, revenus à leur mouillage, font écho dans le lointain avec leurs canons. Tous ces navires indé-

pendants, tous ces volontaires qui sont accourus à
la fête représentent la bordure capricieuse du tableau , ses fonds , ses nuages. Ils sont innombrables, et il y en a de magnifiques. Le port de South-
ampton a , dit-on , fourni à lui seul plus de
soixante-dix bâtiments à vapeur pour son contingent, et parmi eux on en signale un certain nombre
qui sont plus grands que des vaisseanx de ligne de
premier rang. Il en est un que le hasard me permet de remarquer plus particulièrement que les
autres, et c'est incontestablement un de plus beaux
modèles de l'architecture navale qui se puissent
voir : c'est l'*Atrato*, qui appartient à la Compagnie
de navigation à vapeur des Indes occidentales ; il
est couvert de monde à un point que vous ne sau-
riez imaginer : gaillard d'avant, dunette, passe-
relle, tambours, tout est animé, c'est une monta-
gne humaine qui fend doucement les flots ; mais un
pareil fardeau n'est qu'un jeu pour le vaillant navire, il est vide à l'intérieur, il est léger, et c'est à
peine si ses roues plongent dans l'eau. La Compagnie Péninsulaire et Orientale se distingue de ses
rivales ; elle a gracieusement transformé pour le
plaisir des curieux, plus que pour son propre bénéfice, ses navires en auberges flottantes qui con-
tiennent plus de 1,500 lits, ressource précieuse
dans de pareilles circonstances. L'Amirauté d'ailleurs n'a pas fait les choses moins généreusement.

Tout ce qu'elle possède de navires qui n'ont par un rôle officiel dans la fête est mis à la disposition du public ; on exhume sans amour-propre déplacé tout ce qui restait oublié dans les recoins perdus de l'arsenal ; pourvu que cela flotte et que les roues tournent, cela suffit. Aussi voit-on de singuliers spécimens de l'art des constructions navales. Je retrouve le *Rhadamanthus*, que j'ai connu il y a quelque vingt ans dans la Méditerranée, où il passait pour un chef-d'œuvre ; aujourd'hui il nous paraît plus curieux, plus vieilli que l'ancien *state-coach* du lord-maire. On me montre quelque chose qui s'appelle la *Comète*, je crois, et qu'on me dit être le premier bateau à vapeur qui ait été construit à Portsmouth ; il est à mettre dans un musée archéologique ; il est plus grotesque que les véhicules que l'on rencontre, aux jours de foire, dans les villages perdus au milieu des terres, loin des routes, loin des chemins de fer et de la civilisation. N'importe, la *Comète* bat flamme, et les ouvriers de l'arsenal qui ont eu la permission d'en disposer pour ce jour-là ne paraissent ni les moins fiers ni les moins heureux. Que représente encore comme chiffre la population répandue sur tous ces navires, c'est ce qu'il est impossible d'estimer ; il est seulement certain qu'elle s'élève à un grand nombre de milliers d'âmes. D'ailleurs tous ces navires qui, dans l'irrégularité de leurs mouvements, contribuent grandement à l'animation du tableau général, sont tous gaiement et capricieusement pavoisés ; le plus grand nombre cependant portent le pavillon français en tête de leur mât de misaine, *out of compliment to their gallant allies*, en forme de compliment pour leurs braves alliés, politesse que leur rendaient deux bâtiments à vapeur français venus du Havre avec des passagers curieux d'assister à la fête. Je pense qu'ils auront été satisfaits des égards témoignés si spontanément au pavillon de notre patrie et à ceux des officiers de notre marine qui étaient venus à bord de la corvette *Duchayla*. D'autres français encore étaient présents à cette fête, chez qui les marques d'estime prodiguées à la patrie absente ont dû éveiller de mélancoliques et généreux souvenirs. On m'assure que M. le prince de Joinville contemplait, lui aussi, ce spectacle grandiose de la dunette du vaissean de ligne *Bruns-wich*, où il était l'hôte de l'aimable capitaine Yelverton. Après avoir prédit le triomphe de la marine à vapeur, à une époque où c'était un avenir contesté, il n'aura pu résister au désir de voir la première armée navale à vapeur qui ait été régulièrement constituée.

Passons maintenant au centre du tableau, au sujet, à la scène principale. Ici les personnages sont représentés par plus de trois cents bâtiments de guerre, presque tous à vapeur et à hélice, portant plus de 25,000 marins, armés de plus de 5,000 canons ou mortiers, mis en mouvement par plus de 30,000 chevaux de vapeur. Ces navires, de toutes les grandeurs, de toutes les formes et de toutes les espèces, depuis la simple bombarde gréée en cutter, portant un seul mortier et seize hommes d'équipage, jusqu'au vaisseau à trois ponts armé de 131 canons et monté par plus de 1,000 marins ; ces navires sont rangés sur trois lignes régulières, et courant de l'est à l'ouest. La première, celle du nord, la plus près de Portsmouth, se compose de quatre batteries flottantes et de cinquante bombardes à voiles qui sont toutes pavoisées, mais qui ne bougeront pas et ne tireront pas un seul coup de canon ; elles ne font que garder ou qu'indiquer des positions. Au sud de cette première ligne s'étendent les deux autres, uniformément composées de vaisseaux de ligne à hélice (vingt-deux), onze sur chaque ligne, de frégates et corvettes à hélice (vingt), de frégates et de corvettes à roues (dix-huit), de canonnières à hélice (cent soixante), la droite de l'armée en faisant face à Portsmouth étant ainsi occupée par les plus gros bâtiments. Aux deux extrémités de ces lignes, séparées entre elles par des intervalles uniformes de trois encâblures (environ 600 mètres), paraissent dans le lointain, à 3 milles à peu près des vaisseaux de tête, et dans l'est, les vaisseaux à

voiles de 90 canons *Rodney* et *London*, mouillés
près du feu de Nab ; et dans l'ouest, à 1 mille peut-
être des dernières canonnières, une réserve de
transports, de magasins et d'ateliers flottants. L'A-
mirauté, qui semble ne pas avoir une foi aussi
absolue que le reste des Anglais dans le *Queen's
weather*, avait pris ces dispositions pour le cas où
le temps n'aurait pas permis d'aller au large dans
l'est ; on se fût alors tourné de l'autre côté, l'armée
eût défilé dans la rade de Cowes, et l'assaut que
les canonnières sont allées donner aux remparts de
Portsmouth et de Southsea-Castle eût été supporté
par la réserve. Mais le ciel a donné raison à la foi
populaire contre l'incrédulité de l'Amirauté.

C'est vers midi que le magnifique yacht de la
reine, suivi du *Fairy-Queen*, du *Black-Eagle*, du
Vidid et du *Dasher*, a contourné la pointe du port
de Portsmouth, et s'est montré à la flotte. Grâce à
la marée, car tout semble avoir conspiré pour embellir cette fête, les bâtiments des trois lignes,
évités sur leurs ancres, présentaient alors par le
travers, de telle sorte que tous leurs brillants pavois,
disposés à la manière anglaise, c'est-à-dire sur une
ligne continue qui commence au beaupré et s'élève
par-dessus les têtes des mâts pour redescendre à
l'arrière par le gui de la brigantine jusqu'à la mer,
figuraient comme autant d'arches triomphales.
C'était un spectacle féerique, qui est presque aus-

sitôt passé au majestueux lorsque, sur un signal du
Duc de Wellington, toute la flotte a simultanément
salué la reine de ses canons, et aussitôt une mu-
raille de fumée blanche produite par la poudre a
enveloppé les deux lignes de l'arrière sur une
étendue de plus de deux lieues. Cependant le yacht
royal avançait toujours, et bientôt il s'est engagé,
suivi de son escorte, entre la ligne des batteries
flottantes et des bombardes et la première ligne
des vaisseaux, frégates et canonnières ; puis, après
avoir descendu dans l'est presque jusqu'à la réserve, la reine est remontée entre les deux rangs
des canonnières jusqu'à la tête de l'armée, occupée, comme je l'ai dit, par les vaisseaux. A vrai
dire, tout se passait jusque-là comme aux revues
du Champ-de-Mars; mais alors nous avons joui
d'un tableau vraiment extraordinaire, quand l'amiral a fait le signal à l'armée d'appareiller pour venir
défiler devant la reine jusqu'au feu de Nab, en pi-
votant autour du *Rodney* et du *London*. Cette manœuvre d'appareillage général a été magnifique, et
l'on n'a sans doute jamais vu à la mer rien d'aussi
frappant ni d'aussi bien exécuté que ce mouvement
des vaisseaux et des frégates avançant régulièrement et à distances admirablement observées des
deux côtés du yacht royal, répandant leurs hommes sur les vergues et faisant successivement reten-
tir l'air d'énergiques et enthousiastes hourras à

mesure qu'ils passaient devant leur souveraine,
dont le bâtiment avait réduit presque complète-
ment sa vitesse. Il y eut un moment où l'armée des
canonnières, avançant du fond de l'horizon avec
leurs cheminées fumantes, présentait l'aspect le
plus étrange. Cependant elles avaient à leur tour
rejoint le yacht royal, mais au lieu de suivre les
vaisseaux et les frégates jusqu'au feu de Nab, après
avoir défilé deux par deux avec une régularité qui
aurait fait envie à plus d'un régiment de cavalerie,
elles virèrent de bord pour aller se ranger en bataille devant l'entrée de Portsmouth. Le yacht
royal alors, comme un cavalier qui rend la main à
sa monture, reprit sa route entre les frégates et les
vaisseaux pour venir voir le défilé des vaisseaux et
des frégates, lequel s'opéra avec une exactitude et
une sûreté de manœuvres qui donnaient à la scène
un caractère tout à fait grandiose, et qui ont dû
faire naître bien des réflexions chez ceux qui en ont
été les témoins. C'est alors que la reine, prenant
gracieusement congé de ses vaisseaux de haut bord
en les saluant de son pavillon royal abaissé à mi-
mât, s'élança à toute vapeur du côté de Portsmouth,
où déjà l'on entendait le bruit de l'artillerie : c'é-
taient les canonnières qui terminaient la fête par
une attaque simulée sur toute l'étendue des ouvrages qui se développent depuis Southsea-Castle jusqu'au fort Monckton.

La revue était terminée, l'Angleterre venait de montrer que la flotte destinée par elle à la campagne de l'année prochaine existait réellement, qu'elle était bien armée, bien manœuvrante, bien commandée, pourvue d'un matériel nouveau et redoutable; c'était le côté moral de la fête et sur lequel je vous demanderai la permission de revenir.

II

Londres, le 27 avril,

Monsieur,

J'ai tâché de vous dépeindre l'autre jour le côté
pittoresque de la revue navale passée par la reine,
je voudrais essayer de vous exposer aujourd'hui
quelques-unes des réflexions que ce grand spectacle a fait naître dans l'esprit de ceux qui ont eu
l'avantage d'y assister. Je ne suis pas homme du
métier, et par conséquent vous n'avez pas à craindre que j'entre dans des détails techniques où je
sais trop bien que je ne pourrais que m'égarer,
comme aussi j'ai trop le sentiment de mon incom-
pétence pour ne pas vous avouer dès le début que

dans ce que je pourrai dire de juste il faudra surtout voir le résultat des conversations que j'entendais autour de moi pendant la revue, ou des conseils que je suis allé chercher depuis auprès des marins; c'est à les avoir bien compris que se bornent toutes mes prétentions.

Les observations que j'ai à faire sont de deux sortes : les unes qui sont générales et s'appliquent à la révolution qui est définitivement accomplie dans la constitution des armées navales, dans la stratégie et la tactique maritime; les autres qui sont spéciales à l'Angleterre et à la démonstration de puissance qu'elle vient de faire.

La marine à voiles n'a plus de raison d'existence en tant que marine militaire; c'est un fait acquis maintenant et qui s'est manifesté d'une façon irrésistible aux regards les moins clairvoyants dans le spectacle de cette flotte, la plus complète qui ait jamais été rassemblée, dans le défilé et les manœuvres qu'elle a exécutées sous les yeux d'une multitude immense. Rien n'a manqué pour porter cette conviction dans les esprits, pas même la brutalité du fait représenté par le contraste que formaient avec ces navires si mobiles, si actifs, si puissants, si libres dans tous leurs mouvements, si indépendants de toutes les circonstances du milieu où ils se trouvaient, deux vaisseaux de ligne à voiles mouillés comme deux points fixes près du feu de Nab pour servir de pivots à la manœuvre de l'armée. C'était en effet le seul rôle qu'ils pussent jouer en cette occasion : ils n'eussent été dans les rangs de la flotte nouvelle qu'un véritable embarras, et l'on n'aurait pu les y maintenir qu'en les faisant prendre à la remorque par quelqu'un de leurs heureux rivaux. L'un de ces vaisseaux, le *Rodney*, était pour moi une ancienne connaissance. Je l'avais rencontré à Malte au mois de mai 1839 ; il comptait alors dans l'escadre de l'amiral Stopford, et il en était la gloire ; on le citait comme un modèle très remarquable, presque comme un chef-d'œuvre d'architecture navale ; aussi l'avais-je visité avec un soin très curieux, sous la conduite du bienveillant et si distingué amiral Pellion, qui n'avait pas dédaigné de m'en expliquer les mérites, à moi profane. Que les temps sont changés ! Le vaisseau-type de 1839 est réduit aujourd'hui à tenir la place d'une bouée, et Dieu sait ce que ce mot a d'humiliant dans la langue des marins. Le *Rodney* n'a cependant rien perdu de ses belles formes ; sa mâture gaiement pavoisée est plus élégante et plus brillante que jamais ; n'importe, il lui faut faire à mauvaise fortune bon visage, car au milieu de la flotte à vapeur il n'est plus qu'une bouée, une véritable bouée.

Sans doute cette évidence de la supériorité de la vapeur sur la voile ne s'est pas produite mercredi dernier comme une révélation subite aux yeux éblouis des spectateurs. Il y avait longtemps

que les bons esprits dans la marine l'avaient pres-
sentie, et elle était devenue une certitude morale
le jour où l'application de l'hélice à la navigation
avait résolu le problème qui consistait à rendre le
bâtiment à vapeur, jusque-là désarmé et si vulnérable dans l'appareil de ses roues, plus militaire et
moins sensible au feu de l'ennemi que le bâtiment
à voiles lui-même. Chez nous, le prince de Joinville avait préconisé cette idée à une époque où elle
passait encore pour une témérité ; mais les progrès
incessants de l'art de l'ingénieur venant lui donner
raison, on voit cette idée grandir et faire bientôt
un chemin rapide. C'est la France qui la première
conçoit le projet de construire un véritable vaisseau à vapeur, et, fait assez curieux, c'est à **M. Gui-
zot**, chargé par intérim du portefeuille de la marine, que revient l'honneur d'avoir signé l'ordre
de service qui nous a valu le *Napoléon*, resté encore
aujourd'hui le type le plus parfait du vaisseau de
ligne à hélice, bien qu'il semble menacé de dé-
chéance par l'*Algésiras*, dû au même ingénieur,
l'habile M. Dupuy de Lôme, qui cette fois aura
tout construit dans ce vaisseau de sa prédilection,
coque et machines. Après la révolution de Février,
lorsqu'il s'agit de tout refaire, la marine, si mal-
traitée dans son budget, n'a du moins pas à se
plaindre de tous les projets de réorganisation qui
se produisent. En effet, dans les procès-verbaux
de la commission d'enquête nommée par l'Assem-

blée Législative, on voit accueillir avec faveur par la plupart des membres de la commission l'idée d'une flotte exclusivement composée de navires à vapeur; elle est surtout défendue avec autant d'ardeur que de talent par l'amiral Charner, qui réussit plus tard à la faire prévaloir lorsqu'il devient secrétaire général du ministère de la marine, et qui la justifie enfin par des faits éclatants dans la mer Noire, lorsqu'il porte son pavillon sur le *Napoléon*. Aujourd'hui c'est désormais en France chose gagnée, en théorie du moins, car nous ne sommes pas encore très avancés dans l'application, tandis qu'en Angleterre, où l'on a certainement beaucoup moins écrit, beaucoup moins discuté sur la matière que de l'autre côté de la Manche, la théorie adoptée plus tard que chez nous est déjà passée dans le domaine des faits accomplis.

Elle était là devant nous, sous nos yeux, cette armée navale à vapeur dont nous avions cent fois entendu annoncer l'apparition, et rien qu'à la voir on sentait naître la conviction d'une force irrésistible. Elle était là, prête à tout et autorisée à croire qu'elle aurait réussi dans tout ce qu'elle aurait entrepris. Soit qu'il fallût livrer bataille avec ses vaisseaux, maintenir un blocus avec ses frégates, ouvrir un rempart avec ses batteries flottantes, incendier une ville avec ses bombardes, fouiller une côte aussi accidentée que celles de la Finlande avec ses canonnières, elle aurait accompli chacune de ces opérations avec une rapidité, une sûreté d'exécution, une puissance de concentration et d'expansion qu'aucune armée navale n'avait jamais possédées avant elle. C'était, à n'en pas douter, le plus formidable armement qui eût encore flotté sur les mers, et j'incline très fort à croire que malgré tous les obstacles naturels ou artificiels qui le défendent, Cronstadt eût succombé sous ses coups, que les forts auraient été ruinés, l'arsenal incendié, la flotte détruite, si même la ville n'avait pas été prise. Cette persuasion, qui était passée à l'état de foi absolue dans l'esprit des marins anglais, se fortifiait naturellement par la grandeur du spectacle et par les sensations qui sortaient en quelque sorte spontanément, et sans qu'il fût besoin d'y contribuer par aucun effort de l'imagination, du fait même de la réunion de tant de navires d'espèces si différentes, quoiqu'ils fussent presque tous le résultat de la même donnée mécanique. De même que parce que l'on a vu un cavalier courant à toute bride dans la rue, on ne saurait avoir une idée nette de l'effet que produit un régiment de cavalerie chargeant à fond de train dans la plaine; de même ceux qui n'ont jamais vu que des navires à hélice isolés ne peuvent pas se représenter bien clairement ce que les esprits percevaient, à leur insu et presque sans s'en douter, comment l'idée d'un ensemble prodigieusement puissant entrait pour ainsi dire par les yeux, comment leur témoignage

suffisait pour faire comprendre une foule de combinaisons que l'imagination n'eût peut-être pas de-
vinées, comment il était sensible que la force de
chacun s'augmentait de la force de tous, que l'indépendance de chacun, par rapport aux circonstances des vents et de la mer, permettait d'obtenir
avec une rapidité et une aisance inouïes des con-
centrations de feux auxquelles rien n'aurait pu résister. Pour les officiers plus spécialement militaires, la démonstration a été complète, et elle a dû
faire sur eux une impression profonde, car l'histoire à la main, on peut prouver que depuis la bataille d'Actium jusqu'à celle de Trafalgar, toutes
les victoires remportées à la mer ont toujours été
le résultat de manœuvres qui amenaient sur un
point donné du champ de bataille des forces écrasantes pour celui qui a été vaincu.

D'ailleurs l'Amirauté anglaise n'avait rien né-
gligé de ce qui pouvait contribuer à produire cette
conviction dans l'âme des spectateurs. Elle avait,
comme on dit, préparé son effet, et cela avec un
soin que je trouve presque excessif. S'il m'était
permis de lui adresser une critique, j'oserais insi-
nuer qu'elle s'était plus préoccupée du vulgaire que
des gens compétents. Elle avait appelé de tous ses
ports tous ceux de ses bâtiments qui étaient armés,
et elle avait ainsi réuni plus de trois cents voiles,
qui contribuaient par leur nombre à la grandeur
de la scène. C'était très légitime, à coup sûr; mais

je pense qu'elle aurait pu s'abstenir de faire figurer
dans la manœuvre les vingt-deux frégates ou corvettes à roues qui y ont pris part. Elles faisaient
nombre pour le gros du public ; mais aux yeux des
gens du métier elles paraissaient comme autant
de taches dans cet ensemble si imposant. La roue a
fait son temps, aussi bien que la voile, comme en-
gin appliqué aux navires de guerre et même comme
instrument de propulsion marine. Il eût mieux valu
reléguer la *Rétribution* et ses sœurs avec les bombardes à voiles qui n'ont pas bougé de la journée.
Là eût été leur véritable place ; car si l'on en excepte
le transport des dépêches et des munitions, le seul
service que puissent rendre aujourd'hui des bâtiments de ce genre, c'est de fournir des remorques,
et de plus, leur sort est désormais prononcé, on
n'en construira plus de pareils.

Ceci m'amène à parler de la composition d'une
armée navale. Or, je ne pense pas qu'après l'expérience de mercredi dernier il puisse rester douteux que l'avenir ne simplifie beaucoup les choses
en réduisant les bâtiments de guerre tenant la mer
au large à deux espèces principales qui pourront
avoir leurs variétés, mais dont les données générales persisteront : c'est le vaisseau de ligne et ce
qu'on appelle aujourd'hui la canonnière. On les
perfectionnera sans doute, mais tels qu'ils sont déjà
ils suffisent à toutes les conditions de la campagne
et du combat, et j'ajouterai que pour attaquer une

côte ennemie ils possèdent des ressources que n'offrait pas l'ancienne constitution de la flotte à voiles avec sa nomenclature si variée de frégates, de corvettes, de bricks, d'avisos, de côtres, etc., etc. Toutes ces espèces intermédiaires qui rendaient de véritables services dans l'ancienne marine, et que la tradition a conservées jusqu'ici dans la nouvelle, tendront à disparaître, car tout ce qu'elles faisaient pourra se faire et avec avantage souvent, par les canonnières. Il semble qu'on n'en doive plus conserver que pour les besoins des stations lointaines, encore cela ne doit être accepté que sous bénéfice d'inventaire. Quelle espèce de bâtiment en effet pourrait se comparer à la canonnière moderne si nous avions à recommencer le blocus de la Plata ou des côtes du Mexique, s'il nous fallait ouvrir par la force la navigation de l'Amazone ou du Parana? Si nous devions conduire des opérations contre la Chine, elle nous introduirait jusqu'au cœur du Céleste-Empire, et dès aujourd'hui elle est sans rivale pour faire le métier de croiseur sur la côte d'Afrique. Aussi est-ce au vaisseau et à la canonnière qu'appartient l'avenir, le vaisseau restant l'unité militaire, l'unité de combat, la canonnière remplissant les fonctions de mouche, d'aviso, de répétiteur, d'éclaireur, de surveillance qui ont été confiées jusqu'ici aux espèces secondaires.

Cela est logique et semble sortir de la nature des choses. Autrefois, lorsque les armées navales étaient

soumises aux caprices des vents, des courants et
des marées, il leur fallait avoir à leur service tantôt
des frégates pour remonter le cours des moussons
ou franchir les séries de vent qui soufflent avec
persistance dans presque toutes les mers pendant
certaines saisons, tantôt des corvettes pour traverser
les zones de calmes qui règnent pendant la belle
saison dans les mers du Nord et sous la ligne pendant toute l'année, tantôt des bricks pour naviguer
le long des côtes en profitant des bourrasques, des
brises folles et variables qui se produisent toujours
dans leur voisinage ; il fallait, dis-je, aux armées
du temps jadis traîner avec elles toutes ces espèces
de bâtiments pour s'éclairer, pour assurer leurs
communications, pour donner la chasse à quelque
voile suspecte, pour poursuivre un ennemi battu,
pour appuyer une retraite, tandis que les gros vaisseaux, les vaisseaux de ligne, qui représentaient,
comme ils le représentent encore, le véritable corps
de l'armée, avaient à craindre de dormir paresseu-
sement sur la vague acalmie ou de courir des bordées qui ne leur faisaient rien gagner au vent,
étaient condamnés à naviguer toujours de conserve,
c'est-à-dire lentement, dans la plus étroite compagnie, attendu qu'une fois séparés, il leur était impossible de prévoir quand il plairait au caprice du
vent de les réunir. Alors, pour donner au public
peu familiarisé avec les choses de la mer une idée
quelque peu approchée de ce que devait être une

armée navale, on disait que le vaisseau de ligne étant considéré comme l'unité militaire et jouant le même rôle que le bataillon d'infanterie dans l'armée de terre, les bâtiments légers devaient être regardés comme la cavalerie, les ordonnances, les grand'gardes, les vedettes, les coureurs attachés au service de ces bataillons afin de suppléer aux lacunes que leur pesanteur, augmentée par la nécessité de ne se pas séparer, devait laisser dans leur action. Ce rapprochement assez vague que l'on faisait alors entre l'armée de terre et l'armée de mer est devenu plus vrai que jamais, grâce à la liberté et à la sûreté de manœuvre, grâce surtout à la rapidité que les vaisseaux de ligne ont acquise indépendamment des circonstances du temps et des lieux. Seulement la vapeur et l'hélice ont rendu les choses encore plus simples dans la marine que dans l'armée. Si le vaisseau de ligne doit toujours être considéré comme l'unité militaire, comme le bataillon, il faut ajouter aussi que désormais le vaisseau peut se servir de cavalerie à lui-même : cela dépend uniquement de la force de la machine qu'on lui aura donnée. Le *Napoléon,* par exemple, est et sera, dans toutes les circonstances que l'on voudra supposer, aussi rapide, si même il ne l'est plus, qu'aucune frégate ou corvette qui soit aujourd'hui sur les flots ; et attendu que les mouvements du navire à vapeur peuvent se calculer à une heure près, il s'ensuit que la faculté d'expansion d'une flotte à vapeur, c'est-à-dire son champ d'action, est infiniment plus étendue qu'elle ne l'a jamais été pour aucune marine du passé. Ainsi se trouve réalisé à la mer ce que l'Empereur avait rêvé, sans jamais pouvoir l'obtenir, une arme qui réunît à la solidité de l'infanterie la rapidité de la cavalerie ; ce qu'il aurait voulu faire de ses dragons, nous le savons faire aujourd'hui avec nos vaisseaux de ligne ; et même nous faisons mieux : infanterie, cavalerie, artillerie, nos vaisseaux peuvent et doivent jouer les rôles de ces trois armes à la fois.

La question étant ainsi posée et dans des termes dont il semble difficile de contester la justesse, on arrive aisément à la solution d'un problème qui a fourni chez nous le sujet d'innombrables Mémoires et d'interminables discussions. Quel est le type de vaisseau qu'il nous faudra accepter pour la composition de notre flotte? Est-ce le vaisseau à machine auxiliaire, comme le *Montebello?* est-ce le vaisseau mixte, comme le *Jean-Bart*, le *Navarin*, le *Fleurus*, etc.? ou bien enfin est-ce le vaisseau proprement dit à vapeur, comme le *Napoléon?* Je ne crois pas que l'on puisse hésiter et que l'on réponde par autre chose que par le conseil de reproduire le type *Napoléon* en cherchant à le perfectionner. A ceux qui ont vu ce magnifique vaisseau à l'œuvre ou qui ont essayé de se rendre compte de ses services, le doute même n'est pas admissible. J'étais à Constantinople en 1853, lors-

que les flottes alliées reçurent l'ordre de franchir
les Dardanelles, et je me rappelle l'impression profonde que produisit alors sur les marins de toutes
les nations l'exploit accompli par ce vaillant navire.
On eût dit même que toutes les circonstances se
trouvaient réunies pour juger définitivement le dé-
bat entre les vaisseaux du système mixte et les vaisseaux armés de la plus grande puissance de vapeur
qu'il soit possible de leur donner raisonnablement.
A côté du *Napoléon* figuraient dans la flotte anglo-
française deux vaisseaux mixtes, le *Charlemagne*
(français) et le *Sans-Pareil* (anglais). Or, sur les deux,
le français seul parvint à franchir le courant des
Dardanelles, mais encore dut-il abandonner le
Valmy, qu'il était chargé de remorquer. Quant au
vaisseau anglais, il ne put même pas lutter tout
seul contre le courant, il resta en dérive, tandis qu'à
côté de lui le *Napoléon* remontait fièrement le dé-
troit, traînant triomphalement à sa suite le vais-
seau-amiral de 120 canons la *Ville-de-Paris*. Les
nôtres étaient tout heureux de ce succès, les Anglais l'admiraient sincèrement, et dans leur dépit
contre eux-mêmes, je leur entendais répéter cette
phrase devenue alors sacramentelle : « Nous espé-
» rons bien que le *Sans-Pareil* justifiera son nom,
» et qu'on ne lui donnera pas de pendant dans no-
» tre marine. » D'ailleurs il s'agissait alors pour
les uns et pour les autres de quelque chose de bien
plus sérieux que d'un succès ou d'une blessure

d'amour-propre. Il y avait déjà presque un mois que la guerre avait été déclarée par la Porte à la Russie, et que serait-il arrivé si la flotte de Sébastopol, profitant de ces mêmes vents du nord qui retenaient les escadres alliées dans la Méditerranée, avait paru tout-à-coup à l'entrée du Bosphore avec 15 ou 20,000 hommmes de débarquement à son bord? Il ne lui aurait pas fallu plus de trois jours pour accomplir cette traversée; elle n'eût certainement pas été arrêtée par les onze vaisseaux turcs ou égyptiens qui étaient mouillés sous les terrasses de Buyukdéré; et que serait-il advenu de l'empire ottoman si un corps d'armée russe, transporté par cette voie, se fût emparé de Constantinople, tandis que l'escadre anglaise faisait d'inutiles efforts pour passer de la Méditerranée dans la mer de Marmara? Si l'on avait eu affaire à un ennemi plus résolu et plus entreprenant, quels cris ne se seraient pas élevés en Europe? avec quelle amertume les gouvernements n'eussent-ils pas regretté de n'avoir pas une flotte de vaisseaux tels que le *Napoléon?* Lequel eût songé alors à reprocher au vaisseau à vapeur l'excédant de dépense que coûte le premier établissement de sa machine comparée à celle d'un vaisseau comme le *Sans-Pareil?* De même, lorsqu'il a fallu porter de 60 à 230 ou 250,000 hommes l'effectif de l'armée alliée en Crimée; lorsque, sur le plateau désert de la Chersonèse, où l'on trouvait à peine de l'eau à boire,

on a dû conduire l'immense matériel de siége, l'in-
croyable quantité de vivres, de munitions, d'objets d'équipement ou de campement nécessaires
aux besoins d'une si nombreuse armée, qui aurait
imaginé de contester le bon emploi des cent ou
cent dix mille écus que l'on a dépensés en plus
pour la construction de la machine du *Napoléon*
que pour celle d'un navire du système mixte armé
du même nombre de bouches à feu? On n'y songeait certainement pas quand on le voyait traîner
à sa remorque, depuis le Bosphore ou depuis Varna
jusqu'à Kamiesch, douze, quatorze et même, si
mes renseignements sont exacts, seize navires chargés de troupes, de vivres et de matériel? C'était la
vie de nos soldats, l'honneur du drapeau, le succès
de la guerre qu'il emportait avec lui sur les flots.
Aucun instrument a-t-il été alors plus précieux,
et même sans compter les intérêts moraux du pays
et ce que vaut la vie de nos soldats, car ce sont
des objets qui n'ont pas de prix, n'est-il pas exact
de dire que le *Napoléon*, par sa puissance et par
ses merveilleuses qualités, nous a économisé vingt
fois et au-delà ce que représentent les intérêts et
l'amortissement de l'excédant du capital dépensé
pour ses machines? C'est faire de grandes économies que de savoir dépenser l'argent à propos.
La guerre qui vient de finir nous en a fourni cent
exemples. Le *Napoléon* en est un ; j'en puis citer un
autre non moins frappant, c'est celui du service

des paquebots de la Méditerranée, dont les transports à prix réduit, combinés avec l'influence qu'ils ont exercée sur le taux du fret, ont peut-être épargné au trésor public une somme peu inférieure à celle qu'il paie comme subvention à la Compagnie des Messageries impériales pour une concession de vingt ans. D'ailleurs il ne faut pas imaginer que les services d'un vaisseau à vapeur soient nécessairement plus coûteux que ceux d'un vaisseau mixte, parce que sa machine est plus puissante et partant doit faire une consommation de combustible plus considérable. C'est le contraire qui peut arriver bien souvent dans les mains d'officiers qui sauront employer habilement la précieuse ressource de la détente. C'est ainsi que nous avons vu le *Napoléon*, pendant le cours d'un voyage qui l'a conduit de Toulon à Alger et d'Alger en Crimée, portant presque 3,000 hommes de troupes passagères à son bord, soutenir une vitesse moyenne de 9 nœuds 9 dixièmes en ne consommant que 50 tonneaux de charbon par vingt-quatre heures, tandis que nos vaisseaux mixtes du second rang, tout en ne portant guère que 2,000 hommes, eussent été obligés, pour fournir la même vitesse, d'allumer tous leurs fourneaux et de consommer 72 ou 75 tonneaux de charbon, et le *Charlemagne*, en réduisant encore le chiffre des troupes passagères, plus de 60. Enfin, quelle ne sera pas, dans un moment donné, l'importance d'une grande vitesse et de la puissance

portée à son maximum de développement ! Le salut
du navire peut en dépendre, comme le gain d'une
bataille. Il faut, disait un jour le commandant Paris,
en empruntant une métapbore à la langue de l'ancienne marine et traitant ce sujet avec toute l'autorité qui appartient à l'auteur du *Dictionnaire de
la Marine à vapeur*, du *Manuel du Chauffeur* et
de tant d'autres excellents écrits rédigés à la mer
dans l'exercice du métier ; il faut que le navire à
vapeur soit capable d'un coup d'écoute, soit capable de fournir un effort suprême.

Ces considérations, et d'autres encore dont je
vous fais grâce, me traversaient l'esprit tandis que,
monté sur l'un des bateaux admis dans le cortége
de la reine, je passais entre les deux lignes de vaisseaux qui escortaient le yacht royal jusqu'au feu
de Nab, sans pouvoir déployer une vitesse plus
grande que cinq ou six nœuds ; ceux qui auraient
pu faire davantage étant retenus par les plus lents,
comme il arrive toujours dans une flotte et dans
une armée, sous peine de rompre l'ensemble et la
force des lignes. Je ressentais quelque satisfaction
en songeant que nous avons produit un type certainement plus parfait qu'aucun de ceux des navires
que j'avais sous les yeux ; mais en même temps la
raison était là pour empêcher les bouffées de l'a-
mour-propre national de me monter trop vivement
au cerveau. Si nous avons fourni le modèle du
vaisseau à vapeur, l'Angleterre a la première pro-

duit et même elle possède encore seule en ce moment une véritable armée de navires à hélice. Nous pouvions la contempler agissante, manœuvrante, commandée par des officiers d'un mérite consommé, montée par de vaillants équipages, capable d'écraser sous l'incontestable supériorité de ses forces tout ce qu'on aurait tenté de lui opposer sur la mer. Ce n'est pas d'ailleurs qu'il n'y eût dans le nombre quelques très beaux navires, comme le *Conqueror*, l'*Orion*, le *James-Watt* et plusieurs autres, mais tous ces vaisseaux supportent la conséquence de leur origine. Pour transformer sa marine à voiles en marine à vapeur, l'amirauté anglaise souffre aujourd'hui, si cela peut s'appeler souffrir, de l'extrème richesse de son matériel naval. La dernière guerre l'a surprise avec un nombre considérable de navires à flot, avec toutes ses cales chargées de vaisseaux en construction et mis pour la plupart en chantier à une époque où l'on n'imaginait certainement pas qu'ils dussent jamais recevoir des machines à vapeur. Or aujourd'hui que la question est absolument résolue dans ce sens, il faut cependant tirer parti de tout ce matériel, qui a coûté des sommes immenses; et tandis que dans notre pauvreté relative nous pouvions penser à construire de toutes pièces des vaisseaux à vapeur, l'Angleterre s'occupait exclusivement de faire de ses vaisseaux à voiles des vaisseaux à hélice. Les uns, comme le *Duc-de-Wellington*, comme le *Marl-*

borough, ont été coupés et allongés par le milieu ;
les autres, comme le *Royal-George*, le *Pembroke*,
le *Russell*, le *Hawke*, etc., sont même restés tels
qu'ils étaient. Quelques-uns ont reçu dans leurs
dimensions et tous dans leurs aménagements inté-
rieurs des modifications qui devaient les faire entrer dans le système nouveau ; aucun n'a été spécialement construit en vue des nécessités de ce
système. Il s'en est suivi d'inévitables défauts, et
entre autres celui-ci, que les carènes n'ayant pas
été calculées pour les poids, pour les volumes,
pour les installations qu'elles doivent recevoir aujourd'hui, pour la perpétuelle variabilité d'immer-
sion que subit nécessairement le navire à vapeur,
elles n'ont pu donner aux vaisseaux transformés
toutes les qualités que les progrès de l'art autori-
sent à espérer. Mais combien il serait absurde d'en
tirer aucune conclusion contre le mérite des ingénieurs anglais ? Que ceux qui seraient tentés de le
faire jettent les yeux sur les frégates *Arrogant*,
Shannon et particulièrement sur l'*Impérieuse*, qui
a été construite tout exprès pour être une frégate
à vapeur, à qui l'on ne peut reprocher, s'il est des
gens assez osés pour lui adresser ce reproche, qu'un
excès de grandeur, de beauté, de magnificence, et
qui est devenue dans les mains de son habile commandant, le capitaine Watson, un bâtiment qui
peut affronter hardiment la comparaison avec tous
ceux de son espèce, à quelque pavillon qu'ils ap-

partiennent et sur quelques mers qu'ils naviguent.

J'ai parlé de la coque des vaisseaux transformés ; je ne crains pas de dire non plus que leur mâture et leur gréement ne paraissent pas appropriés à leur nouveau régime, et portent d'une manière trop sensible le cachet de la tradition, l'influence de la destination à laquelle ils avaient été d'abord affectés. On voit que les amiraux, les officiers qui ont fait leur éducation dans d'autres temps et qui sont encore à la tête de toutes les administrations maritimes , ont passé par là, qu'ils ont essayé de reprendre en détail ce qu'ils ne pouvaient contester en thèse générale, mais ce que le penchant naturel du cœur et de l'esprit humain leur inspire presque à leur insu de ne pas aimer. Ils ont mis de la voile partout où ils l'ont pu, et cependant il ne saurait plus être douteux que ce fardage de perroquets, de catacois, de royaux, etc., dont on affuble encore les grands bâtiments de guerre à vapeur ne leur porte un tort réel et sans compensation. Il y aurait tout avantage à le réduire. Ce ne sont là que des voiles de beau temps, et pour ainsi dire de calme, qui ne rendent quelque service que dans les circonstances où le navire à vapeur, doit nécessairement chauffer et n'en recevoir aucune assistance, tandis que pendant le mauvais temps ou avec des vents contraires elles ne font que surcharger et fatiguer sa mâture, et elles opposent à la marche des obstacles que rien ne rachète. Quoi qu'on en ait, il faudra bien reconnaître la justesse du nouvel adage qui retourne complétement les choses et dit que désormais, pour les bâtiments de guerre comme pour les paquebots à grande vitesse, la voile, au lieu d'être le principal, n'est plus que l'auxiliaire accidentel de la vapeur. C'est en conformité de ce principe qu'un de nos ingénieurs les plus méritants, M. Alix, avait proposé de ne plus donner à nos frégates à vapeur et à hélice que des basses voiles et des huniers dont il avait dans son projet développé considérablement les surfaces; mais quant au reste, si je ne me trompe, c'est à peine s'il accordait des perroquets volants aux susceptibilités de l'ancienne marine. Je ne sais si l'idée a eu autant de succès que son auteur avait droit de l'espérer, mais à coup sûr elle était juste.

Ainsi, vaisseaux et frégates armés les uns et les autres de la plus grande puissance, ou, si l'on veut, de la plus grande vitesse qu'il sera possible de leur donner raisonnablement, voilà ce qui doit composer à l'avenir les flottes à vapeur, voilà ce qui a été rendu plus évident que jamais par la revue que la reine vient de passer. Je suis entré, pour essayer de le faire comprendre, dans des développements pour la longueur desquels je sollicite votre indulgence, comme je la solliciterai encore pour obtenir la faculté d'exposer les changements que l'admission de pareils principes entraîne nécessairement dans la tactique et dans la stratégie navales.

III

L'application de l'hélice à la navigation a donné
aux vaisseaux modernes une supériorité si prodi-
gieuse pour le combat, qu'il est désormais impossible à une nation de songer à conserver son rang
militaire sur l'Océan si elle n'arme pas ses flottes
de ce merveilleux instrument. Le combat étant la
fin pour laquelle le vaisseau est construit, il n'y a
pas moyen de se soustraire à cette inévitable nécessité ; elle domine absolument toutes les autres
considérations, qui ne sont plus que secondaires à côté d'elle, car le plus impérieux devoir
comme le plus habile calcul d'un gouvernement
qui fait la guerre ou est exposé à la faire, c'est de
n'envoyer ses troupes sur le champ de bataille que
pourvues des meilleures armes qu'il soit possible
de leur procurer. La qualité avant le nombre et
particulièrement pour le but suprême, c'est la

règle qui doit guider les administrations sages et prévoyantes, c'est le précepte qui convient le mieux à tout le monde, et plus qu'à personne à ceux qui doivent faire entrer dans leurs prévisions la chance, si éloignée qu'elle soit, d'être engagés dans des luttes où l'avantage du nombre ne saurait leur appartenir. Nulle part cela n'est plus vrai qu'en marine, et je renverrai ceux qui n'ont pas encore sur ce sujet une conviction assez profonde, à l'excellent livre où l'amiral Jurien de La Gravière a si éloquemment et si victorieusement établi ce principe (1). C'est, à ma connaissance du moins, le meilleur ouvrage que nous ayons produit sur les dernières guerres maritimes ; et l'exemple si concluant qu'il cite de l'honneur que se sont fait et du profit politique qu'ont rapporté à leur pays les six frégates avec lesquelles les États-Unis ont commencé à soutenir la guerre contre l'Angleterre en 1812, cet exemple doit faire disparaître jusqu'à la dernière ombre du doute dans les esprits les plus sceptiques et les plus prévenus. Tandis qu'à la même époque nous comptions dans nos ports ou sur nos rades plus de trente vaisseaux et autant de frégates qui semblaient n'exister que pour consacrer l'infériorité de notre pavillon, les États-Unis fondaient leur considération maritime avec six fré-

______

(1) *Guerres maritimes sous la République et l'Empire*, par le capitaine de corvette (aujourd'hui contre-amiral) E. Jurien de La Gravière, 2 vol. in-18. — Paris, 1847.

gates, sans plus ; mais ces six frégates étaient alors ce qu'il y avait de plus parfait dans le genre.

Après un pareil enseignement, après les leçons que nous venons de recevoir ou de donner dans la Baltique et dans la mer Noire, je n'imagine pas qu'aucune puissante intelligente s'avise désormais de marchander la qualité du matériel naval qu'elle exposera sur les mers. L'ignorance, qui n'a jamais été une excuse, ne pourrait même pas être alléguée comme circonstance atténuante, et elle exposerait de propos délibéré ses flottes à être balayées comme la paille par le vent des orages, la puissance qui songerait encore à opposer des vaisseaux à voiles à des vaisseaux à hélice.

On fera donc des vaisseaux à vapeur ; mais en modifiant d'une manière aussi profonde le matériel naval, ne produira-t-on pas comme conséquence des changements correspondants dans l'art de le conduire en campagne et de l'employer au jour de l'action ? La stratégie et la tactique ne devront-elles pas être renouvelées ?

Je pense qu'il suffit de poser la question et qu'il est à peu près inutile de dire qu'elle ne peut pas être résolue autrement que par l'affirmative.

La stratégie qui est l'art de préparer les opérations des armées, de les faire vivre et de les conduire sur le champ de bataille, en leur assurant toujours la position et la distribution la plus avantageuse qu'il est possible vis-à-vis de l'ennemi, a

joué un très grand rôle dans l'histoire de la guerre
sur terre ; mais elle n'a occupé jusqu'ici qu'une
place très secondaire dans les préoccupations des
amiraux et des marins. La raison de cette différence est fort simple. Le général d'une armée en
campagne commande à des hommes qui ne portent en définitive avec eux pour se défendre contre
la faim et la soif, contre le froid et le chaud, contre
la bise et contre la pluie, contre le soleil et contre
la gelée, que les chétives ressources que l'on a pu
concentrer dans le sac du fantassin ou dans le
porte-manteau du cavalier. Ils attendent tout, et
l'abri, et le pain de chaque jour, et les munitions,
et les effets de rechange, et le reste, de la pré-
voyance du général, qui doit s'ingénier pour leur
trouver de bons logements, sans cependant les exposer ni affaiblir son armée, pour leur fournir des
vivres, des cartouches, des habits, des souliers, etc.,
pour leur ménager des hôpitaux et des magasins, et qui doit faire tout cela en poursuivant le
but de la guerre, en présence de l'ennemi qu'il
faut toujours supposer actif et vigilant et prêt à
saisir la moindre occasion, dans des pays qui souvent ne produisent rien, qui ont été systématique-
ment ravagés, avec des fleuves à passer dont les
ponts ont été détruits, avec des montagnes à franchir ou des déserts à traverser. C'est à pourvoir à
toutes ces nécessités qui s'excluent quelquefois,
qui se contrarient presque toujours, que consiste

le talent stratégique ; c'est au milieu de ces diffi-
cultés aussi bien que sur le champ de bataille que
se révèle le génie du général, soit qu'il faille par
un rapide calcul atténuer les inconvénients d'une
situation, soit qu'il faille au contraire lui faire
produire tous ses résultats. Jusqu'ici la position
de l'amiral était fort différente ; il était, par la
force des choses, à peu près dispensé des soins qui
occupaient une si grande place dans les soucis de
son collègue de l'armée de terre. Le marin ne marche qu'avec sa maison, et cette maison porte des
armes, des munitions, des vivres, un hôpital, des
magasins de tout genre. L'espace est ouvert devant
lui, ses instructions sont toujours plus nettes et
plus précises que celles que l'on peut donner à
un général, et sa responsabilité est sous bien des
rapports infiniment moindre et plus dégagée, plus
facile à porter. On lui donne l'ordre d'aller attaquer l'ennemi, il y marche par le plus court chemin ; il n'y a ni rivière, ni chaîne de montagnes
pour l'arrêter ; il ne dépend pas, comme le général à terre, de l'état de viabilité du terrain sur
lequel il opère ; il n'a pas besoin de fractionner
sa flotte comme le général son armée pour la faire
vivre, pour cacher ses desseins à l'ennemi ; et si un
coup de vent vient à disperser ses vaisseaux, personne ne songe à s'en prendre à autre chose
qu'aux éléments. On l'expédie en croisière ; mais,
avant même qu'il ait levé l'ancre, on sait combien

de jours il pourra la tenir ; c'est mesuré par la
quantité d'eau qu'il emporte dans sa cale. On le
charge d'aller établir un blocus ; mais c'est qu'a-
lors on est maître de la mer, et rien de plus facile
que de l'approvisionner, car les transports par
mer sont les plus sûrs et les moins coûteux de
tous. Quelle énorme différence entre les inconvénients auxquels peut être exposé le marin par
suite des retards imposés à ses convois par les vents
contraires, ou du tribut prélevé sur eux par la
tempête, et les périls que peut courir un général
par l'épuisement de ses attelages, par les innombrables causes d'avaries qui ruinent ses charrois !
La dernière guerre vient de nous en fournir d'é-
clatants exemples. Bien qu'elle soit le pays de
l'Europe le plus riche en chevaux, la Russie, maî-
tresse de ses communications par terre, n'est pas
parvenue à approvisionner convenablement son
armée de Sébastopol ; et lorsque nos anciens adver-
saires publieront le récit de ce qu'ils ont souffert,
nous devons nous attendre à des tableaux d'hor-
reur qui dépasseront tout ce que l'imagination
peut inventer. Nous aurons vécu comparativement
dans le luxe et dans l'abondance, parce que nous
étions maîtres de la mer et quoique cette mer, ca-
lomniée sans doute, fût la mer Noire. Un membre
du Parlement, sir Sydney Herbert, alors *secretary
at war*, exprimait d'une façon bien plus nette
encore cette différence dans la situation des marins

et des soldats de l'armée de terre, lorsque, parlant des souffrances des troupes anglaises pendant le cruel hiver de 1854-1855, il s'écriait : « Ç'a été un » jeu pour nous de franchir les 3,000 milles marins » qui séparent Portsmouth de Balaclava ; mais nous » avons misérablement échoué sur les 6 milles de » terre qui séparent Balaclava des attaques an- » glaises devant Sébastopol. » Les soldats avaient fait mille lieues par mer sans avoir souffert aucune privation ; mais, une fois débarqués en Crimée et avec le port de Balaclava rempli de ressources im- menses, ils manquaient de tout dans leurs camps, parce qu'ils manquaient des moyens matériels de la stratégie, parce qu'ils n'avaient à leur disposi- tion ni chevaux, ni routes, ni voitures, parce que les officiers de leur administration et de leur état- major n'avaient pas été suffisamment formés à cette branche importante de l'art militaire.

Or cet état de choses conservé jusqu'ici, et qui exemptait les officiers de mer d'une partie des soins qui absorbent le temps et l'esprit des géné- raux à terre, ne sera-t-il pas troublé par suite de la nouvelle composition des flottes et par les mer- veilleux progrès que ne cesse de faire l'art des constructions navales employées soit par la marine militaire soit par le commerce ? Cela est plus que probable. Si le vaisseau à vapeur jouit dans une foule de circonstances, et principalement pour le combat, d'une incomparable supériorité sur l'an-

cien vaisseau à voiles, il paie cependant cet avantage par un sacrifice important. La machine qui
lui donne la vitesse et le mouvement occupe avec
son contingent de charbon un espace considérable dans la cale, et réduit d'autant, c'est-à-dire dans
une proportion notable, les approvisionnements,
les vivres et l'eau de l'équipage. Tandis qu'un
vaisseau comme l'*Hercule* portait cent vingt jours
d'eau, six mois de vin, huit mois de vivre, le *Napoléon* ne porte plus qu'un mois d'eau, trois mois de
vivres et de vin. C'est bien peu ; et si l'on ajoute
à cela que, malgré les sacrifices faits à la machine
et à sa consommation, on ne peut encore lui
assurer du combustible que pour six ou sept jours,
et pour un parcours de 700 à 750 lieues en naviguant à toute vapeur, on arrive bien vite à formu-
ler le désir ou à accepter la nécessité de chercher
à augmenter ces chiffres par tous les moyens, soit
en réduisant la consommation du combustible, soit
en développant la capacité des navires, soit en
adjoignant aux vaisseaux de combat un service de
transports qui serait aux armées navales ce que les
parcs et le train des équipages sont à l'armée de
terre.

Au fond, c'est toujours le même problème présenté sous des faces différentes et réduit à ses termes
généraux. Il pourrait s'exprimer ainsi : Produire
une force égale à celle qu'on obtient aujourd'hui,
par des moyens moins encombrants que ceux aux-

quels nous sommes encore forcés d'avoir recours. La plus heureuse solution serait très certainement celle qui permettrait de substituer à la vapeur d'eau quelqu'un des gaz qui possèdent une élasticité très supérieure, et s'obstiennent en quantités presque indéfinies avec un poids et un volume de matière première que l'on peut considérer comme insignifiants. On sait bien l'importance qu'aurait cette découverte et la gloire et le profit qu'elle rapporterait à son auteur ; on la poursuit activement ; mais bien qu'il soit présumable qu'on l'atteindra un jour, on n'a pu réussir jusqu'ici à trouver les moyens de rendre ces gaz maniables et dociles comme la vapeur. C'est en cherchant dans cette voie qu'il y a peu d'années le capitaine Ericsson expérimentait l'air dilaté par la chaleur, et échouait, malgré son talent et les ingénieuses combinaisons qu'il avait imaginées pour son appareil. Aujourd'hui le navire qu'il avait construit à si grands frais est rentré dans la catégorie des paquebots à roues de l'ancien système, et fait sous cette forme le service entre New-York et le Havre.

Quelles que soient nos espérances pour l'avenir, il faut donc nous en tenir dans le présent à la vapeur d'eau comme moyen de propulsion de nos navires, et nous contenter des progrès qui se font chaque jour dans la construction des appareils qui la produisent et l'emploient. Il faut reconnaître d'ailleurs qu'on a déjà obtenu dans cette voie des résultats importants. Ainsi, par exemple, avec la chaudière tubulaire on a considérablement augmenté la puissance de génération de la vapeur, en diminuant d'une manière notable l'espace qu'on lui consacrait auparavant, et avec la détente qui met en valeur une de ses plus précieuses propriétés, on arrive à réduire presque de deux cinquièmes la consommation du charbon, sans sacrifier beaucoup plus que le quart du maximum de vitesse qu'on pourrait développer. De même, en combinant la vapeur d'eau avec des corps qui se volatilisent à des températures peu élevées, comme le chloroforme qui entre en ébullition à 61 degrés, et l'éther à 36, on est encore parvenu à restreindre dans une forte proportion la consommation du combustible. Depuis deux ou trois ans déjà des appareils construits par M. Dutrembley, auteur de la machine étherhydrique, fonctionnent dans la Méditerranée, et, j'aime à le croire, à la satisfaction des armateurs ; mais je ne saurais me prononcer sur le mérite de cette invention, d'autant plus que, malgré les économies notoires qu'elle produit, je ne vois pas qu'aucun gouvernement ni aucune grande Compagnie de navigation ait encore songé à se l'approprier.

Toutes ces applications de la science, et d'autres encore qu'il serait trop long d'énumérer, ont également pour but le perfectionnement de la machine à vapeur et l'amoindrissement de l'espace qu'elle occupe à bord. Il faudrait voir maintenant si le navire lui-même ne pourrait pas recevoir quelque modification qui contribuât à corriger, au moins dans de certaines limites, le défaut que nous avons signalé, celui de ne porter que des approvisionnements trop peu considérables.

Le premier expédient qui se présente à l'esprit consisterait à augmenter la capacité des cales; mais y aurait-il toujours avantage à le faire? Je sais bien que l'on peut jusqu'à un certain point ajouter quelque chose à la longueur des navires sans nuire sensiblement à leur vitesse, pourvu que la surface du maître couple immergé reste la même; je sais encore que si nous avons fourni au monde des modèles de vaisseaux et de frégates qui ont été admirés, imités et copiés par toutes les marines, on reproche cependant à la plupart de nos constructions d'accumuler les canons dans les batteries, d'avoir des sabords trop étroits et trop rapprochés, qui ont un champ de tir trop limité, qui ne laissent pas échapper assez facilement la fumée, qui n'accordent aux hommes qu'un espace trop réduit pour la manœuvre des pièces, et que, partant, il y a peut-être quelque chose à gagner pour nous en rendant nos navires plus longs sans aller cependant jusqu'aux proportions que les ingénieurs anglais ont données à l'*Impérieuse*. Mais dans cette voie on arriverait bien vite à des limites qu'il ne faudrait pas dépasser; car si la longueur d'un

vaisseau ne contrarie pas beaucoup sa vitesse, elle
a, par contre, une influence fâcheuse sur sa stabilité et plus encore sur sa facilité à gouverner, sur
le développement de surface dont il a besoin pour
ses évolutions. Or il ne faut pas oublier que l'une
des grandes qualités qui rendent si redoutable le
vaisseau à vapeur comme instrument de combat,
c'est, après sa vitesse, la sensibilité qu'il montre à
son gouvernail, l'aisance de ses manœuvres, le peu
d'espace qu'il exige pour ses mouvements, la rapidité avec laquelle il les exécute et l'indépendance
où il est pour le faire de toutes les circonstances
du temps, du vent, des courants et de la marée.
Cette prestesse et cette sûreté presque infaillible de
la manœuvre, qui permettent aux vaisseaux à hélice de concentrer sur un point des masses de force
qui balaieraient des montagnes, est sur le champ
de bataille un des éléments constitutifs de l'immense, de l'incomparable supériorité des navires
de cette espèce sur tous les autres, et il serait au
moins imprudent de compromettre cet avantage
capital pour en rechercher d'autres qui ne pourraient être que secondaires comparés à celui-là. Je
ne pense pas qu'un seul des officiers qui ont vu
l'autre jour à Portsmouth le défilé des vaisseaux de
ligne puisse être d'un avis différent.

Si l'on ne peut pas se promettre grand'chose de
ce côté, peut-on du moins espérer quelque résultat
d'une meilleure et plus heureuse combinaison des

objets qui entrent dans l'armement des navires?
Cela n'est pas improbable, mais seulement encore
jusqu'à un certain degré. Ainsi, par exemple, l'objet le plus encombrant qui entre dans la cale d'un
vaisseau, c'est, après le charbon, la provision d'eau;
et à ce propos j'avoue ne pas comprendre comment
les cuisines distillatoires qui changent l'eau de mer
en eau douce excellente ne sont pas encore d'un
usage général et réglementaire; car, entre autres
avantages, elles ont celui de vous donner en
moyenne 500 litres d'eau pour 70 ou 80 kilogrammes de charbon, c'est-à-dire d'épargner un
espace très-considérable. La chose a été expérimentée, dira-t-on, et n'a pas produit de résultats assez
satisfaisants. Je crois, sauf meilleur avis, que l'expé-
périence n'a pas été faite dans de bonnes conditions, et voici ce qui m'autorise à penser ainsi. J'ai
eu l'honneur d'être attaché à la mission que le roi
Louis-Philippe envoya en Chine sous les ordres de
M. Lagrené; et comme les circonstances ont exigé
que le personnel de cette mission fût la plupart du
temps embarqué sur les navires de la division que
commandait l'amiral Cécile, il s'en est suivi que
pendant une période de deux ans (le temps sem-
blera assez long sans doute) j'ai pu me convaincre
des mérites de la cuisine distillatoire, et deviner
peut-être la raison qui empêche qu'on ne lui ait
encore rendu justice. Il y avait dans la division
deux corvettes : l'une à voiles et l'autre à vapeur,

l'*Archimède*, qui avaient été expédiées de France à peu d'intervalle l'une de l'autre, et qui étaient parties pourvues toutes les deux d'un appareil distillatoire sorti de chez le même fabricant, M. Rocher, si je ne me trompe, et exactement pareil dans sa construction. Or, il arriva que l'appareil de la corvette à voiles se dérangea au bout de très peu de temps et finit par devenir pour elle un embarras plutôt qu'un instrument utile, tandis qu'au contraire, après plus de deux ans de campagne, et lorsqu'il nous ramenait depuis la Chine jusqu'à Suez, pendant les quatre mois où j'eus alors le plaisir d'être le passager du commandant Paris, l'*Archimède*, avec son appareil, obtenait encore sans fatigue et sans gêne d'aucune sorte, pour un volume donné de charbon cinq fois le même volume d'eau. A quoi tenait cette différence? c'est qu'à bord de la corvette à voiles l'appareil avait été embarqué sans personne qui fût spécialement chargé d'en prendre soin, et que, par suite, il était tombé dans le détail du maître armurier, ce Caleb, ce Maître-Jacques de l'ancienne marine, à qui incombait l'entretien de tous les objets dans la fabrication desquels entrait un métal quelconque. Quel est le maître armurier de l'ancienne flotte qui n'a pas rajusté des sextans, étamé des casseroles, réparé des lampes, raccommodé des montres et fait cent autres choses encore qui passaient alors pour concerner son état? Sur l'*Archimède*, au contraire, on avait embarqué avec l'appareil un ouvrier chaudronnier qui n'avait pas d'autre fonction à bord que de le conserver. Ce qui ne valait pas moins d'ailleurs, c'est que le brave homme trouvait dans l'outillage de la machine tout ce dont il avait besoin pour lui rendre facile l'accomplissement de son devoir, et dans les trente mécaniciens ou chauffeurs du bord autant d'aides intelligents pour qui c'était un jeu de travailler aux réparations d'un appareil aussi simple que l'est une machine distillatoire. On comprend maintenant pourquoi les résultats obtenus dans les deux cas ont été si différents, et comment, si le plus grand nombre des expériences ont été tentées dans les mêmes conditions que sur la corvette à voiles, elles n'ont pas réussi. Cela ne prouve rien cependant contre le mérite des appareils de M. Rocher, qui les a d'ailleurs sensiblement améliorés depuis. J'ajouterai que sur aucun navire je n'ai jamais trouvé d'eau aussi bonne qu'à bord de l'*Archimède*, et qu'un rapport des médecins de la division réunis pour en délibérer a constaté qu'on devait attribuer à l'excellence de cette eau l'état de santé remarquable de l'équipage pendant cette campagne, où il a cependant fait un service des plus actifs, où il était soumis, par suite des conditions particulières à un navire à vapeur, à des causes d'insalubrité plus grandes que pour aucun autre bâtiment de la division. Cette eau enfin était si abondante, que jamais l'équipage n'a été rationné, et

que la plupart du temps, sinon toujours, on en dis-
tribuait pour laver le linge. Laver son linge à l'eau
douce, quelle jouissance et quel luxe pour un matelot ! Il faut avoir vécu avec ces braves gens pour
se faire une idée juste de ce que cela représente
pour eux. Aussi l'*Archimède* passait-il dans l'escadre pour le modèle, pour le roi des navires, et
ce n'est certainement pas un avantage à dédaigner
que d'avoir des équipages bien portants et satisfaits.

De même le jour où l'on sera bien résolu à faire
passer dans la pratique l'axiome qui enseigne que
désormais dans la marine militaire la voile est l'ac-
cessoire et non plus le principal, qu'elle ne doit
plus être considérée que comme l'auxiliaire occa-
sionnel et fortuit de la vapeur, alors, en revisant
les devis d'armement, on arrivera peut-être à réduire l'espace consacré encore aux agrès, aux cor-
des, aux manœuvres et à tout le détail qui dépend
de la voilure et de la mâture. Les Anglais ont aujourd'hui à faire plus que nous sous ce rapport ;
mais même pour eux le résultat sera encore assez
mince. Par contre, nous Français nous avons
peut-être quelque chose à gagner sur l'espace
qu'occupent dans les cales de nos bâtiments de
guerre deux natures d'approvisionnements qui
nous sont spéciales : je veux parler du vin et des
farines. Notre marine seule distribue du vin à ses
matelots, trois quarts de litre par jour et par homme,

ou un demi-litre et cinq centilitres d'eau-de-vie.
Ces quantités, qui paraissent assez faibles et qui
n'ont certainement rien d'exagéré quant aux besoins du matelot, produisent cependant un encom-
brement considérable lorsqu'il s'agit de l'approvisionnement d'un équipage de 1,000 hommes
pendant trois ou six mois. Aussi nos cales au vin
sont-elles plus grandes que celles d'aucune autre
marine, et l'on pourrait presque les réduire dans
le rapport de 23 à 5, la ration d'eau-de-vie étant
par repas de 5 centilitres et celle de vin de 23 centilitres, si l'administration prenait le parti de ne
donner aux équipages pour boisson alcoolique que
de l'eau-de-vie ou du rhum, comme cela se pratique dans les marines de l'Angleterre et des États-
Unis. Ainsi encore nous seuls fournissons du pain
à nos hommes à raison d'un repas sur trois, et cela
entraîne l'existence de quantités de farines et du
matériel d'un boulangerie qui prennent certainement beaucoup plus de place que n'en occupe l'approvisionnement de même nature à bord des bâtiments des autres nations qui ne distribuent que du
biscuit. De plus, le four placé dans le faux-pont en-
gendre, sous les basses latitudes particulièrement,
des causes d'insalubrité qu'il serait utile de chercher à corriger plus activement qu'on ne l'a fait
jusqu'ici; car, il faut bien le dire, nos bâtiments,
si parfaits sous tant de rapports, ont à gagner sous
celui de la ventilation, qui est beaucoup plus soi-

gnée chez les Anglais, par exemple, que chez nous. Néanmoins il ne faudrait pas se hâter de prendre un parti précipité au sujet de la cale au vin et de la boulangerie du bord. Nos matelots tiennent beaucoup à leur pain et à leur vin, et l'on n'y pourrait peut-être pas toucher sans exciter des regrets très vifs, surtout dans des équipages composés pour un tiers, comme les nôtres, d'hommes fournis par la conscription.

Je suis entré dans tous ces détails pour montrer avec autant de force qu'il m'a été possible que dans l'état actuel des choses, même en réalisant tout ce qu'il n'est pas déraisonnable d'espérer de toutes les hypothèses que je viens d'établir, il serait bien difficile d'assurer à un vaisseau comme le *Napoléon* une portée de 1,000 lieues à toute vapeur. Or, quoique les dernières guerres et l'état politique du monde nous donnent lieu de croire que le théâtre possible des luttes maritimes est fixé pour longtemps encore dans la Méditerranée ou dans l'Atlantique, au nord de la ligne et peut-être même du tropique, il en résulte toujours que la portée de 1,000 lieues est encore à peine suffisante. 1,000 lieues, ce n'est en effet qu'un voyage de Toulon à la côte d'Égypte, aller et retour, mais en ne faisant que toucher barre, et sans qu'il reste rien pour une croisière, pour une opération un peu importante. 1,000 lieues, c'est tout juste la distance qui sépare

Cherbourg de New-York, et ce n'est pas encore une traversée de Brest à nos colonies des Antilles.

Toutes ces considérations me traversaient l'esprit lorsqu'à la revue de la reine je voyais défiler dans un ordre si majestueux et si imposant ces redoutables vaisseaux, instruments de combat irrésistibles pour tous autres que pour leurs pareils, dépôts de forces immenses qui ont les jambes si rapides, mais le bras trop court : c'est là leur défaut. Avec eux on serait assuré de vaincre tous les navires qui ne seraient pas armés comme eux ; mais l'énorme consommation qu'ils font d'approvisionnements de tout genre les désarme en peu de temps et rend très difficile de pourvoir à leurs besoins, de combiner pour eux et de leur faire exécuter un plan de campagne suivi et régulier. J'en revenais alors à l'idée qui me paraît encore seule capable de remédier à l'inconvénient que je signale, et qui conduira nécessairement les grandes puissances maritimes à organiser à la suite de leurs armées navales des moyens de transport qui soient pour elles, ainsi que je l'ai déjà dit, ce que les parcs et le train des équipages sont aux armées de terre. Plus j'y réfléchissais et moins il me semblait possible d'échapper à cette inévitable nécessité. D'ailleurs il suffisait de promener les regards sur cette grande rade de Spithead pour voir avec admiration et peut-être avec quelque jalousie combien, sous ce rapport, l'Angleterre est en avance sur les autres nations. Ces bâtiments, ces transports dont je croyais avoir par le raisonnement deviné la naissance, ils étaient là sous mes yeux, représentés par l'*Himalaya*, l'*Atrato*, l'*Indian*, le *Transit*, le *Perseverance* et cinquante autres des cent ou cent cinquante navires à vapeur qui promenaient leurs passagers autour de l'armée. L'Angleterre en effet possède dès aujourd'hui les moyens de pourvoir au ravitaillement de ses escadres dans les flottes de paquebots construits et armés par les grandes Compagnies de navigation à vapeur qui font le service subventionné de la poste avec les États-Unis, le golfe des Antilles, l'Amérique du Sud, la Méditerranée, les mers de l'Inde et de la Chine. C'est 130,000 ou 140,000 tonneaux que l'industrie privée tient déjà de ce chef toujours tout prêts à la disposition de l'Amirauté, qui ne pourrait les construire elle-même qu'au prix de sommes fabuleuses, et dont elle ne saurait tirer auucun parti pendant la paix. Aussi longtemps qu'elle dure, ces paquebots font l'utile et précieux service de la correspondance, qui paie d'ailleurs au gouvernement, en droits de poste et de douane, une notable partie de ce qu'ils reçoivent à titre de subvention ; mais vienne la guerre, et vous les verrez assurer aux escadres anglaises une rapidité, une sûreté et une portée foudroyante d'action dont le monde n'a pas

encore idée. Ils feront pour la flotte militaire ce que
la marine vient de faire pour la campagne de Crimée : c'est l'armée qui a pris Sébastopol, mais
c'est la marine qui a fourni les vivres, les munitions, les armes et les soldats qui ont accompli cet
exploit. Et ces beaux navires ont précisément les
qualités requises pour faire ce service : la capacité
et la vitesse ; car ils auraient à suivre des bâtiments
de guerre très rapides, ou, s'ils naviguaient seuls,
à échapper par la marche aux croiseurs ennemis.
Aussi, tout en contemplant ce spectacle grandiose
et plein d'enseignements, ne pouvais-je m'empêcher de faire un retour mélancolique sur mon pays,
qui n'a pas encore su établir ses lignes de paquebots
transatlantiques, lorsque tant d'intérêts lui com-
mandent d'y pourvoir, et ne pouvais-je retenir un
triste sourire en songeant que nous en sommes encore à construire des transports de 1,200 tonneaux
armés d'une vitesse moyenne de huit nœuds. Je ne
veux pas les calomnier, et j'admets que ce sont
d'excellents navires en temps de paix ; mais si le
baromètre politique venait à baisser, si, ce qu'à
Dieu ne plaise ! la France était jamais engagée dans
une grande guerre maritime, quels grands services
ces estimables navires pourraient-ils rendre, surtout dans le cas où nous ne serions pas maîtres
absolus de la mer ?

En demandant grâce pour la longueur de cette

lettre, je viens humblement confesser que je n'en
ai pas encore fini avec la revue de Spithead et que
j'ai besoin de quelque espace encore pour parler de
la tactique, des canonnières , des bombardes, etc.,
pour résumer enfin ce que la grande solennité navale du 23 avril me paraît avoir présenté d'instructif et de nouveau.

IV

Il ne dépend ni d'un peuple ni d'un gouvernement d'employer ou de ne pas employer, soit par
terre, soit par mer, les armes les plus perfection-
nées qui soient connues de leur temps. Ils n'ont
pas le choix à cet égard, et la négligence qu'ils
montreraient à entrer dans la voie des perfection-
nements ne saurait manquer d'être punie par les
plus cruels malheurs et les plus humiliants, quels
que fussent d'ailleurs le mérite et le courage des
soldats auxquels ils pourraient confier le soin de
leurs destinées. Au contraire, l'empressement qu'ils
mettent à s'approprier tous les progrès obtenus est
pour eux un gage de succès presque infaillible, car
la confiance que donne aux troupes le sentiment
de leur supériorité ne vaut pas moins pour fixer la
victoire que l'avantage même d'avoir des armes
plus redoutables et plus efficaces que celles de l'en
nemi. Ce sont des choses connexes qui se fortifient

extraordinairement l'une par l'autre, et qui produisent à la guerre des résultats inappréciables. L'histoire le confirme par mille exemples, et, sans aller chercher bien loin, nous en trouvons sous nos yeux qui ont une éloquence singulière. Ainsi, qui voudrait prétendre que les soldats dont se composent nos bataillons de chasseurs à pied, tels qu'ils ont été organisés par le duc d'Orléans, sont des hommes plus braves, plus méritants au point de vue moral que leurs camarades des régiments de ligne? et qui niera cependant que les chasseurs à pied n'aient rendu des services exceptionnels ; que dès le premier jour où ils se sont présentés, troupe toute neuve, devant l'ennemi, ils n'aient brillé, même à côté des vieux bataillons des zouaves, déjà éprouvés et formés par dix ans de guerre, et qu'avec leurs premiers coups de fusil au col de Mouzaïa, au Nador, au bois des Oliviers ils n'aient commencé à conquérir la réputation qu'ils ont si dignement soutenue depuis à Rome, à l'Alma, à Inkermann, à Sébastopol, partout enfin où ils se sont montrés? D'où vient cela, si ce n'est de la supériorité des armes? et de l'instruction, prodigieusement augmentée de valeur par la légitime confiance qu'elle inspire? Et ce qui est vrai du soldat est vrai aussi du général. En relisant l'histoire de la funeste journée de Trafalgar, où trente-trois vaisseaux espagnols et français succombèrent devant vingt-sept vaisseaux anglais, en essayant de tirer l'enseignement qui

ressort de cette grande et triste leçon, on arrive à
cette inévitable conclusion, que le destin de la bataille fut fixé d'un côté par la juste confiance que
Nelson avait dans la supériorité de ses vaisseaux
considérés comme machines de guerre, et de
l'autre par la défiance, hélas! motivée que Villeneuve éprouvait sur le mérite des instruments
avec lesquels il allait livrer le combat. Il n'est
même que juste de dire que le triomphe de l'un et
le malheur de l'autre furent en raison de l'inten-
sité des sentiments contraires qui animaient les
deux amiraux. L'audacieuse manœuvre par laquelle Nelson engage la bataille, contrairement à
toutes les règles de la tactique, mais en obéissant à
une inspiration du génie, qui cette fois encore ne
fut que du bon sens porté à une haute puissance,
cette manœuvre si hardie n'a d'explication que
dans l'assurance inébranlable du succès, dans la
conviction où était l'amiral anglais que chacun de
ses vaisseaux une fois au feu saurait bien se tirer
d'affaire lui-même en faisant le plus de mal possible à l'ennemi, tandis qu'au contraire la manœuvre correpondante de Villeneuve, l'ordre par
lequel il change la route de son armée et la dirige
sur Cadix, prouve surtout la préoccupation de
ménager un refuge à ses vaisseaux pour le cas de
la défaite, déjà prévue avant l'action. Quant au
courage qui consiste à braver le péril, il ne fit
qu'augmenter le nombre des tués et blessés, mais

il n'eut pas d'influence sur le sort de la journée ;
il était égal des deux parts. L'exaltation triom-
phale au milieu de laquelle Nelson rendit le dernier soupir n'indique pas plus de fermeté d'âme
que le calme serein et résigné avec lequel l'infor-
tuné Villeneuve attendait la mort sur le banc de
quart du *Bucentaure*. Les débris des équipages, qui
en amenant leur pavillon remirent aux Anglais
des bâtiments si maltraités qu'il fut impossible
d'en ramener aucun en Angleterre, n'étaient pas
moins vaillants que leurs ennemis. En fait de bra-
voure, les noms de Lucas, d'Infernet, de Magon,
de Camas, de Beaudoin, de Deniéport n'ont à
craindre la comparaison avec ceux d'aucun des
capitaines anglais ; et lorsque, deux jours après la
bataille, encore sous le coup de cette grande défaite, l'intrépide Cosmao, celui que ses matelots
avaient surnommés *Va-de-bon-cœur*, reprenait la
mer avec son *Pluton*, qui faisait trois pieds d'eau
à l'heure et était réduit à 400 hommes d'équipage, pour aller arracher leurs prises aux Anglais,
et lorsque, dans ces conditions, il reprenait en effet
deux vaisseaux à l'ennemi victorieux, il accomplis-
sait un aussi brillant exploit qu'aucun de ceux de
l'héroïque et chevaleresque Collingwood.

Ces exemples et celui qui nous fut donné par les
États-Unis pendant la guerre de 1812, et cent
autres que je pourrais citer encore, doivent avoir
mis au-dessus de toute discussion ce principe

qu'on ne saurait trop répéter : à savoir, que le gage le plus assuré du succès à la guerre, c'est la confiance que possèdent les troupes dans la qualité de leurs armes et dans l'excellence de leur instruction. D'ailleurs cette confiance ne peut pas s'inspirer par des moyens artificiels ; elle ne saurait être le résultat de la dose plus ou moins considérable d'amour-propre national qui anime chaque peuple et chaque armée ; les ordres du jour des généraux, les proclamations des gouvernements, les appels au fanatisme seront également impuissants à la créer, si elle n'est pas justifiée par les faits. Bon gré mal gré, la vérité finit toujours par éclater, et quoi qu'on fasse, on n'empêchera pas une juste appréciation de leurs qualités et de leurs moyens réciproques de s'établir bien vite entre deux armées ennemies. Même dans leurs plus mauvais jours, nos soldats en Crimée n'ont jamais douté du succès qu'ils ont fini par obtenir, tandis que les Russes, malgré l'énergie et l'opiniâtreté de leur défense, malgré tous les avantages qui, au début surtout, combattaient pour eux, n'ont jamais montré cet élan, cet esprit d'entreprise qui caractérisent les mouvements d'une armée enflammée par l'espérance de la victoire. Ils avaient appris bien vite à respecter leurs ennemis, et si même il faut en croire les correspondances d'officiers russes, il paraît que dès avant la bataille de l'Alma, avant qu'il n'eût encore été tiré un coup de fusil,

il courait dans le camp russe d'étranges histoires
sur la portée des armes de nos soldats, sur la justesse de leur tir, sur l'habileté avec laquelle ils
maniaient la baïonnette, sur la rapidité extraordinaire de leurs manœuvres, sur les engins de destruction de tout genre que les alliés traînaient
avec eux. Les soins si vigilants que prend le gouvernement russe pour préserver son armée de tout
contact avec l'étranger n'avaient pu empêcher la
rumeur publique de porter jusqu'au camp du
prince Menschikoff la réputation de nos chasseurs
à pied et de nos zouaves, de nos carabines à tige et
de nos balles cylindro-coniques, des fusées incen-
diaires et des canons à la Lancastre des Anglais.
Des troupes placées sous de pareilles influences morales peuvent, quand elles sont braves, donner,
comme les Russes l'ont fait, leur sang et leur vie à
leur pays; elles ne peuvent pas lui donner la victoire.

Cela étant, il ne faut donc pas marchander pour
donner à la flotte des vaisseaux à hélice et à grande
vitesse. S'ils coûtent trop cher, n'en ayons que
peu, mais ce peu nous rendra toujours plus de
services que nous n'en aurions reçu pour la même
somme dépensée sur un plus grand nombre de
vaisseaux à voiles et même de vaisseaux armés de
machines peu puissantes. Si les qualités du vaisseau rapide se compensent par de certains inconvénients, ne nous laissons pas décourager et cher-
chons des remèdes, attendu que ces inconvénients

ne sont que de l'ordre secondaire et ne représentent, on peut le dire déjà, qu'une question facile à trancher avec de l'argent. Si les énormes consommations du vaisseau à vapeur l'exposent à se voir désarmé en peu de jours, si la constitution d'une flotte à hélice entraîne nécessairement comme conséquence l'organisation d'un service de convois et de transports spéciaux, acceptons franchement cette nécessité. pour peu que nous ne voulions pas qu'elle nous soit imposée plus tard par de cruelles expériences. L'Angleterre a ouvert la voie, nous ne sommes désormais pas libres de ne pas l'y suivre ; l'Amirauté possède déjà un certain nombre de transports à grande jauge et à grande vitesse, l'*Himalaya*, par exemple, qui porte plus de 3,000 tonneaux, et elle trouverait en cas de besoin des ressources immenses dans la puissante flotte de paquebots subventionnés qui font pendant la paix le service de la poste avec toutes les parties du monde. Il faut profiter de la leçon pour arriver à des résultats analogues dans la limite de nos besoins et de nos moyens. Il faut faire enfin pour nos escadres ce que le maréchal Bugeaud a fait avec tant de suceès en Algérie pour ses colones mobiles. Le vaisseau à vapeur est comme le fantassin, qui ne peut prendre dans son sac que cinq ou six jours de vivres ; c'est à nous de nous ingénier pour l'approvisionner ; et quand ce problème sera résolu, il produira sur mer ce que sa solution a produit en

Afrique. Qui ne se rappelle la médiocrité des effets
que nous obtenions dans les premières années de
cette guerre à Médéah, à Tlemcen, à Mascara, avec
des divisions de 8 ou 10,000 hommes que nous ne
savions pas encore faire vivre? Qui n'a admiré les
rapides développements que notre domination a
pris avec des colonnes de 2 ou de 3,000 hommes
quand nous avons su leur assurer des approvisionnements? N'y a-t-il pas après tout, des res-
semblances frappantes entre la vie du désert et
celle de l'Océan?

Ces considérations qui me paraissent marquées
au coin d'une évidence si nette, et que je pourrais
développer encore si je ne craignais d'abuser, ont-
elles fait passer dans l'esprit du lecteur une partie
de la conviction dont j'ai vu animés les hommes
les plus capables? est-on persuadé que désormais
le rôle de la voile est tombé au second plan dans
la marine militaire, et que les armées navales ne
peuvent plus ne pas être composées de vaisseaux à
vapeur?

Il me semble qu'il ne doit plus déjà rester de
doutes à cet égard, et cependant je n'ai rien dit
encore du vaisseau à vapeur considéré comme instrument de combat. En parlant du *Napoléon*, je
n'ai fait que le comparer, comme moyen de navigation, de transport ou de remorquage, aux navires à voiles ou même aux vaisseaux mixtes; j'ai
fait ressortir les inappréciables services qu'il a ren-

dus sous ce triple rapport, et le concours fécond, inépuisable, hors ligne, qu'il a prêté aux opérations de la flotte dans la mer Noire, aux mouvements et au ravitaillement de l'armée de Crimée ; mais si j'ai énoncé en thèse générale qu'un vaisseau de ce genre déploierait sur le champ de bataille une puissance et des qualités écrasantes pour tous ceux qui ne seraient pas armés comme lui, je n'ai pas encore essayé de le prouver.

Or c'est là précisément, c'est sur le champ de bataille que la supériorité du vaisseau à vapeur doit se manifester dans tout son éclat, et c'est en définitive pour l'action que les vaisseaux sont construits et armés. Imaginez en effet, si cela est possible, le parti que saurait tirer un amiral habile de vaisseaux qui sont également capables de refuser ou d'imposer le combat à l'ennemi, maîtres de choisir à leur gré le temps, et l'heure, et l'occasion, animés d'une vitesse qui est elle-même une puissance, non-seulement parce que, selon le vieil adage, la victoire et dans les jambes du soldat, mais parce qu'au besoin cette vitesse pourrait être employée comme une force d'impulsion qui produirait des chocs irrésistibles, cherchez à vous représenter le rôle que joueront dans la bataille des vaisseaux indépendants de toutes les circonstances du temps, du vent, des calmes, des courants et de la marée, armés d'un moteur invulnérable, manœuvrant à la minute et à coup sûr, toujours capa-

bles de se porter, dans un temps exactement calculé, sur un point précis, réalisant en un mot toutes les conditions qui font la force des armées, la
valeur personnelle exaltée dans l'âme de chacun par la certitude où il serait de recevoir dans
toutes les circonstances l'appui et l'assistance de
tous.

L'esprit s'égare à la recherche des combinaisons
auxquelles se prête un pareil programme. Si l'on
veut cependant sortir dn vague et arriver à une
conception plus nette de la révolution que le vaisseau à vapeur a produite dans la tactique navale,
il y a un moyen assez simple : c'est de comparer
la différence des manœuvres prévue pour l'ancienne marine et pour la nouvelle dans les auteurs
qui ont spécialement traité de ce sujet.

Commençons par la marine à voiles. Si nous
consultons par exemple un livre qui fait autorité,
les *Essais sur les Evolutions navales*, de M. Chopart, nous lisons presque dès le début du livre :

« Pour former la ligne de bataille, on est parti
de ce principe qu'il faut toujours présenter le côté
fort et mettre le faible à l'abri de l'ennemi.

» Or la disposition actuelle des vaisseaux est telle
que l'artillerie placée sur les flancs présente un
travers formidable, tandis que la proue et la poupe,
percées de peu de sabords, n'offrent que de faibles
moyens offensifs, et laissent les batteries et les
gaillards exposés aux bordées d'enfilade,

» On a donc senti la nécessité de ranger les vaisseaux dans les eaux les uns des autres de manière à ne présenter que le flanc à l'ennemi.

» Cette seule condition est–elle suffisante ? Peut-on se former indifféremment sous toutes les allures pour combattre ? Non sans doute, car la marche des bâtiments étant très différente et pouvant changer d'un jour à l'autre, il a fallu rejeter toutes les allures du vent arrière et du vent largue, parce que l'ordre y eût été trop difficile à conserver et les abordages peu faciles à éviter sans exposer les parties faibles des vaisseaux.

» On s'est donc borné à adopter pour le combat les allures du plus près et du travers comme les plus avantageuses pour se maintenir en ordre serré, parce qu'on y a la ressource des voiles sur le mât pour éviter un abordage.

» L'ordre de combat formé au plus près a pris spécialement le nom de *ligne de bataille tribord ou bâbord amures*, selon les amures.

» Dans cet ordre, les bâtiments sont regardés comme gouvernant à six quarts du vent, de sorte que les deux lignes du plus près font toujours entre elles un angle de douze quarts. Cette disposition est en effet dans la réalité, parce qu'en escadre on doit toujours, quoique au plus près, mettre un peu de vent dans la voile ; sans cette précaution, le maintien de l'ordre serait très difficile et le vaisseau qui tomberait un peu sous le vent ne pourrait plus regagner son poste qu'en virant de bord ; tandis qu'avec cette précaution, en serrant le vent le plus possible et forçant de voiles pour conserver la même vitesse, un vaisseau qui sera tombé un peu sous le vent pourra facilement rentrer dans la ligne.

» Le second ordre adopté pour le combat, où l'allure des bâtiments est celle du vent de travers, porte le nom de *ligne de file sur la perpendiculaire du vent tribord ou bâbord amures*, parce qu'en effet alors, le vent étant de travers, les vaisseaux sont rangés sur la perpendiculaire du vent (1). »

Ceci revient à dire en langage ordinaire, qu'en présence d'un ennemi qu'il faut toujours, sauf les exceptions qui confirment la règle, supposer aussi habile que soi, une flotte de navires à voiles, pour recevoir comme pour engager le combat, ne peut se former que d'après un seul ordre de bataille, les vaisseaux marchant à la file les uns derrière les autres en suivant une route qui forme un angle plus ou moins ouvert avec la direction du vent qui pourra souffler. Encore l'ouverture de cet angle est elle-même comprise entre des limitres très étroites, car, d'après les principes posés par M. Chopart, elle ne variera qu'entre 67 et 90

(1) *Essais sur les évolutions navales*, suivis de quelques tables destinées à en faciliter l'exécution et à en apprécier la durée, par M. Chopart, lieutenant de vaisseau, etc., etc. ; page 5, chap. II. Un vol. in-4°, de l'Imprimerie royale, 1839.

degrés sur la ligne perpendiculaire du vent, soit le quart d'un angle droit fixé à l'avance entre des points invariables. Et après avoir formulé ces propositions, l'auteur passe aux divers ordres de marche d'une armée se rendant d'un point à un autre, mais hors de la présence de l'ennemi, comme s'il avait dit tout ce qui concerne les ordres de bataille que peut prendre une flotte à voiles. Il a tout dit en effet.

Prenons au contraire un traité de tactique pour la marine à vapeur. Jusqu'ici il n'a pas été publié de document officiel et complet sur la matière, mais elle a déjà été étudiée, et voici ce que nous trouvons dans un projet proposé par un officier dont le nom seul est une garantie, le contre-amiral comte Bouët-Willaumez, l'ancien chef d'état-major de la flotte de la mer Noire, le commandant actuel de la station navale dans les mers de la Grèce :

« Il n'est fait aucune distinction *relative au combat* (c'est l'auteur qui a souligné ces mots), entre les ordres qui vont être énumérés ci-après, appropriés autant que possible à la marche et à l'agglomération régulière ou irrégulière, totale ou partielle, d'une flotte de vaisseaux à vapeur ; ils sont à la disposition de l'amiral en chef pour être utilisés par lui suivant les circonstances, et ce sera à son génie maritime et militaire à choisir entre tous, d'après ces circonstances et la force ou les préparatifs de l'ennemi, celui de ces ordres dans lequel il devra ranger sa flotte pour attaquer et combattre (1). »

Ainsi l'ancienne marine n'avait à sa disposition qu'un seul ordre de bataille, qui était toujours menacé d'être compromis par les calmes, par les courants, par les avaries que pouvait faire dans sa mâture un vaisseau engagé au feu, tandis que la marine nouvelle peut employer à son gré tous les ordres et toutes les formations imaginables, sans avoir à craindre d'y échouer par suite des circonstances du temps et du feu de l'ennemi, attendu qu'elle reçoit l'impulsion d'un moteur invulnérable ; elle peut enfin tenter toutes les manœuvres de retraite ou d'attaque en restant certaine de les exécuter avec des machines dont la vitesse atteint au besoin jusqu'à 20 kilomètres à l'heure.

Pour estimer de pareilles choses, le témoignage pratique des yeux est toujours beaucoup plus con-

(1) *Batailles de terre et de mer, jusques et y compris la bataille de l'Alma,* par le contre-amiral comte Bouët-Willaumez ; avec cette épigraphe : « Nous avons eu surtout en vue de » mettre les fastes militaires et maritimes de notre histoire à » la portée de toutes les intelligences. » (Page 422.) Un volume in-8°. Se vend au profit des soldats et marins de l'expédition de Crimée.

Nous recommandons vivement ce livre, fruit d'une longue et laborieuse expérience, et dans lequel sont traitées aussi simplement qu'il est possible, sans morgue technique, presque toutes les grandes questions qui occupent aujourd'hui les militaires et les marins. En le lisant on y apprendra beaucoup, et en l'achetant on aidera à une généreuse action.

vaincant que le travail de l'esprit. Aussi ne saurait-on exagérer la profondeur de l'impression produite à la revue de Portsmouth sur tous les spectateurs par le défilé des vingt-deux vaisseaux de ligne à hélice qui ont figuré dans cette solennité maritime. Il y avait bien quelques amateurs du pittoresque qui regrettaient l'animation, la variété d'aspect qu'eussent présentées ces vingt-deux vaisseaux s'ils n'avaient eu que leurs voiles pour se mouvoir. L'activité des matelots qui courent sur les vergues, la multiplicité et la variété des manœuvres, les voiles qui se déploient ou se carguent comme par magie, la voix des officiers, le sifflet des maîtres qui donnent de l'ensemble aux efforts individuels, tout cela forme en effet un tableau intéressant; mais que signifiaient ces vains regrets du passé lorsqu'on y pouvait répondre en affirmant que, vu l'état de l'atmosphère et la faiblesse du vent qui soufflait ce même jour-là, une flotte à voiles eût été obligée de rester immobile sur ses ancres, à moins de s'exposer à être emportée comme un jouet par la marée? Et si même la brise lui eût permis d'appareiller, quelle figure aurait-elle faite à côté de l'autre? Aurait-elle eu assez de la journée entière pour faire ce que l'autre a accompli en deux heures? Pour aller au delà des bouées amarrées près du feu flottant de Nab et revenir à son poste en passant sur deux lignes entre ces points fixes, il lui aurait fallu se déployer sur un espace im-

mense, tandis que l'autre, à l'aller comme au
retour, partait de son mouillage pour aller le
reprendre par la voie la plus courte. Le vaisseau
à voiles présente peut-être un aspect plus gai et
plus animé, le vaisseau à hélice est bien autrement
imposant. C'était un grand spectacle que celui de
ces vingt-deux vaisseaux formant la haie autour
de leur souveraine, marchant à sec de toile avec
une régularité et une sûreté que la mécanique
seule peut donner, avançant sans bruit et sans
effort visible, véritables volcans mobiles où la vie
ne semblait se révéler que par les flocons de fumée qui s'échappaient de leurs cheminées, mais
auxquels la vue d'un simple pavillon déroulé en
tête de mât eût fait produire instantanément une
épouvantable éruption de fer et de feu. Et quelle
leçon, quelles réflexions elle a dû suggérer aux
spectateurs lorsque, les deux escadres ayant accompli à moitié leur mouvement autour de leurs
pivots, toute la flotte s'est trouvée rangée sur
quatre lignes courant à contre-bord les unes des
autres, concentrée sur une surface qui n'était peut-
être pas aussi grande que la moitié du Champs-de-
Mars de Paris, et réunissant sur cet étroit espace
1,765 pièces de canon des plus gros calibres,
9,650 chevaux de vapeur, 17 ou 18,000 hommes,
la population d'une ville, avec leur eau pour un
ou deux mois, leurs vivres pour trois ou quatre,
leur charbon pour 5 ou 600 lieues, leurs effets,

leurs armes et leurs munitions pour toute une campagne ! Quel foyer de force et de puissance ! Et cependant il faut ajouter que le mouvement général étant de toute nécessité réglé sur la marche des plus faibles machines, du *Hawke* et du *Hastings*, vieux vaisseaux de 74 qui ne sont pourvus que de machines de 200 chevaux de vapeur, du *Royal-George*, qui n'en a que 400 pour traîner ses trois ponts, l'effet obtenu eût été bien autrement saisissant si tous ces navires eussent été du rang du *Conqueror* ou mieux encore de notre *Napoléon*, car désormais la puissance d'un vaisseau doit s'estimer autant par sa vitesse que par le nombre des canons dont il est armé.

P. S. J'ai assisté mercredi dernier aux expériences de recette, par la commission de surveillance du département de la Seine, d'un bateau à vapeur destiné à faire le service de la marchandise entre Paris et le Hâvre, et armé d'une machine construite d'après le système de M. Du Trembley et sous sa surveillance personnelle. Malgré le temps qui s'est écoulé depuis le jour où il a pris son brevet, c'est seulement encore le quatrième navire qui ait été construit dans ces conditions. Les trois autres naviguent dans la Méditerranée et ils ont fait un bon service pendant la guerre. Quoique le plus ancien d'entre eux, le *Du Trembley*, soit déjà à la mer depuis bientôt quatre ans, je n'ai eu jusqu'ici aucune occasion de le visiter, pas plus que ses pareils, la

France et le *Brésil,* qui comptent déjà seize et dix-
sept mois de navigation. Voilà pourquoi j'avais
précédemment réservé mon opinion sur le mérite
de la machine à vapeurs combinées, mais en ayant
le soin d'indiquer qu'elle avait fonctionné à la satisfaction des armateurs, circonstance qui m'était
prouvée par un fait plus puissant à mes yeux que
tous les raisonnements du monde, c'est que la maison Arnaud Touache et Ce, de Marseille, qui ex-
ploite le brevet de M. Du Trembley dans la Méditerranée, fait en ce moment même construire cinq
autres navires du même système. Aujourd'hui j'ai
vu, j'ai touché, et je n'hésite pas à croire qu'au
point de vue de l'économie du combustible, et, partant, de l'espace à gagner à bord, la machine à vapeurs combinées présente des avantages très précieux. Je ne prétends pas dire que peut-être un
jour on ne fera pas mieux, ni que dans la pratique
on arrive toujours à réaliser toute l'économie que
promet la théorie ; mais ce qui est certain, c'est
que l'économie est considérable, et même très considérable. Je puis citer à l'appui de mon dire un
exemple frappant : Le navire *France,* avec un plein
chargement de passagers et de matériel de guerre,
n'a consommé pour tout le voyage d'aller et retour
entre Marseille et Kamiesch, que 300 tonneaux de
charbon, consommation extraordinairement faible
pour une machine de 350 chevaux de force totale
attelée à un navire qui portait 1,500 ton. de charge.

Maintenant on demandera peut-être pourquoi une invention qui produit de pareils résultats ne s'est pas encore généralisée. C'est une question que nous ne saurions discuter. Peut-être faut-il s'en prendre à l'espèce de fatalité qui semble s'attacher à tous les auteurs de découvertes importantes, et qui n'aura pas épargné M. Du Trembley plus que tant d'autres de ses illustres devanciers. Nous faisons des vœux bien sincères pour que M. Du Trembley retire un jour de ses longs travaux la gloire et le fruit auxquels il a droit; mais, même dans une cause aussi intéressante que la sienne, nous ne pouvons faire mieux.

V

Les canonnières.

La flotte que l'Angleterre vient de montrer au monde avait été armée en vue d'un objet spécial : elle était destinée à opérer dans la Baltique pendant la campagne prochaine si la paix n'était pas venue heureusement mettre fin aux hostilités. Cette destination particulière avait entraîné comme conséquence la construction et l'armement d'un certain nombre de bâtiments de genres tout nouveaux, qui méritent d'être comptés parmi les choses les plus dignes d'intérêt qu'a présentées la revue navale de Portsmouth. Aujourd'hui je voudrais vous parler des canonnières ; plus tard, si vous le permettez, je vous dirai quelque chose des batteries flottantes et des bombardes.

Je commence par les canonnières, non pas parce qu'elles étaient les plus nombreuses, mais parce que je crois cette espèce de bâtiments appelée à un usage beaucoup plus permanent et plus étendu que les deux autres. Les batteries flottantes et les bombardes n'ont d'emploi possible que contre des fortifications régulières, considérables, c'est-à-dire contre de grandes places de guerre. Ce sont des bâtiments qui ne naviguent que pour transporter leur artillerie sur des points fixes et déterminés à l'avance, tandis que les canonnières sont des navires qui doivent tenir la mer, qui sont déjà capables de faire une campagne en s'associant à toutes ses vicissitudes, qui entreront peut-être un jour dans la composition réglementaire des armées navales, quel que soit le service auquel ces armées soient destinées. Ce n'est cependant pas, je le reconnais, en se basant sur d'aussi larges prévisions d'avenir que les canonnières ont été construites. Si l'on se rappelle en effet le discours dans lequel sir James Graham, alors premier lord de l'amirauté, exposait à la Chambre des Communes le budget de la marine anglaise pour l'année 1855-1856, on se souviendra sans doute qu'il ne s'agissait encore à ce moment, pour les deux grandes puissances maritimes, que de construire chacune vingt-cinq canonnières qui devaient être employées comme service exceptionnel et transitoire dans la Baltique et dans la mer Noire. C'était en quelque sorte un armement local et de circonstance à faire rentrer dans les arsenaux aussitôt que la cause accidentelle qui l'avait produit aurait cessé de se faire sentir.

L'expérience d'une première campagne avait dé-
montré que pour atteindre l'ennemi dans les eaux
peu profondes de la Baltique et de la mer d'Azof,
pour fouiller les étroits et inextricables canaux qui
forment le dédale des îles dans les golfes de Bothnie et de Finlande, il fallait avoir des bâtiments tirant peu d'eau et légèrement armés, il fallait se
soumettre aux conditions qui ont forcé les Russes
et les Suédois à conserver dans leurs armées navales un nombre très considérable de navires de ce
genre, transformations très reconnaissables de la
galère antique, car elles marchent encore comme
elle à la rame, et sont armées comme elle pour
combattre surtout de l'avant. La seule modification
que l'on songeait à introduire dans le nouveau matériel, c'était de substituer la vapeur à l'aviron ; du
reste on ne pensait pas à autre chose qu'à contre-
battre les canonnières finlandaises et les chaloupes
des Cosaques Tchernomores.

Tel a été le point de départ, et l'on s'y est tenu
fidèlement jusqu'à la fin de l'année dernière. Au
mois d'octobre 1855, l'Angleterre ne possédait pas
plus d'une quarantaine de canonnières; mais à la
revue navale de Portsmouth, le 23 avril suivant,
elle en a montré cent soixante-deux complétement
armées ; aujourd'hui elle en compte certainement
plus de deux cents, et avec la merveilleuse puissance de travail qui la caractérise, elle en produi-

rait un nombre illimité dans le plus court espace de temps.

Ceci vaut la peine qu'on y réfléchisse, et peut-être faut-il se demander si en se proposant de construire des canonnières pour un service spécial à remplir dans les archipels du golfe de Bothnie et aux embouchures du Don, l'Angleterre n'a pas trouvé beaucoup plus que ce qu'elle cherchait ; si elle n'a pas été conduite, presque sans le savoir, à rencontrer la solution d'un problème important pour la composition des armées navales.

En effet, si l'application de l'hélice à la navigation a permis de déterminer d'une façon qui probablement ne fait plus doute aujourd'hui pour personne, quelle doit être l'espèce des vaisseaux appelés à former les lignes de bataille et les corps d'armée, il s'en faut qu'on soit aussi avancé sur la question de savoir quelles seront ou quelles doivent être les armes légères attachées à ces armées, leurs éclaireurs, leurs vedettes, leurs sentinelles perdues, leurs ordonnances, etc., etc. La question a même été très peu étudiée ; il semble qu'en subissant la révolution produite avec une rapidité si extraordinaire par le progrès incessant des arts mécaniques, ont n'ait encore eu le temps que de s'occuper du principal. Nous nous sommes mis d'accord sur ce qui doit représenter l'infanterie, la cavalerie, l'artillerie d'une armée navale ; nous savons ce qui sera pour elle ses bataillons, ses escadrons, ses batteries; mais nous sommes encore dans le vague pour ce qui est de ses spahis et de ses chasseurs à pied. L'ancienne marine, à qui sa pesanteur et le caprice des éléments qui lui fournissaient ses moyens de propulsion imposaient la nécessité de pourvoir à une foule de circonstances dont la vapeur nous a affranchis, traînait après elle une variété très grande de bâtiments de flottille, destinés à faire le service des troupes légères; mais qui songerait à employer aujourd'hui, concurremment avec des vaisseaux à hélice, les anciennes frégates de tous les rangs, les corvettes à batterie couverte ou barbette, les bricks de 20, les bricks-avisos, les bricks-canonnières, les cutters, les goëlettes, etc., etc.? Toute cette nomenclature a fait son temps, aussi bien que les créations dont elle s'est enrichie plus tard, lorsque passant par l'intermédiaire de la roue pour arriver à l'hélice, on a fait des avisos, des corvettes et des frégates à vapeur, tous bâtiments aujourd'hui condamnés parce qu'ils n'ont pas de qualités militaires, quel que soit le nombre de canons dont on soit parvenu à les charger. De plus, et cela seul peut suffire à juger la question, ce même défaut de qualités militaires, qu'il était impossible de corriger, avait fait construire et armer les bâtiments à roue, en vue des services qu'ils pourraient rendre sur le champ de bataille au vieux vaisseau de ligne à voiles resté maître de la mer, la machine de combat supérieure encore à toutes les autres.

Aujourd'hui cette situation est bien changée, c'est le vaisseau à hélice qui règne et qui est appelé à exercer un bien autre empire. Non-seulement il est le plus fort et le moins vulnérable des bâtiments de guerre, mais encore il a acquis les qualités qui manquaient au vaisseau d'autrefois : la vitesse et la sûreté des mouvements. Ce que les Etats-Unis ont tenté avec succès en 1812 est désormais impossible. Les Américains d'alors ont pu tenir heureusement la mer avec des frégates qui n'avaient pas leurs égales et qui étaient sûres de pouvoir se dérober par la rapidité de leur marche à tous les vaisseaux qui auraient entrepris de leur donner la chasse, tandis qu'aujourd'hui il n'est pas sur les flots de frégate, de corvette à voiles, à roues ou à hélice que le *Napoléon* ne puisse atteindre et écraser par la supériorité de ses feux. Il n'est pas de détail, quel qu'il soit, du service d'une armée que le vaisseau à hélice ne puisse exécuter avec avantage sur les plus petits navires ; seulement il faut appliquer à un aussi grand personnage l'adage des Latins : *De minimis non curat prœtor*, et on ne peut pas songer à l'employer à tout, quoiqu'il soit capable de tout faire, pas plus qu'on ne comprendrait dans l'armée de terre que dans le cours ordinaire des choses on employât un bataillon à fournir une sentinelle, un régiment de cavalerie à escorter un officier d'ordonnance ou cent trente pièces de canon à porter une lettre. Ce serait abuser d'un instrument qui coûte beaucoup trop cher et qui est encore trop rare pour qu'on le fasse servir à des soins qui n'exigent pas, pour être rendus, un pareil déploiement de force.

Or si l'on accepte ces prémisses, si l'on est convaincu que le vaisseau à hélice possède toutes les qualités des autres bâtiments, et qu'il les possède toutes à un degré supérieur, on admettra facilement cette conclusion, que le vaisseau à grande vitesse fait disparaître la nécessité et même l'utilité de toutes les espèces intermédiaires entre lui et le plus petit des bâtiments qui peut faire pour lui le métier d'éclaireur. Pour veiller autour de lui, pour transmettre ses signaux, pour assurer ses communications, pour prolonger en quelque sorte la portée de ses bras et de ses regards, il lui faut ce qu'on appelle depuis longtemps déjà dans la langue maritime, des *mouches*; mais aussi, comme la sûreté de ses mouvements lui permet d'étendre sa protection dans un rayon très vaste autour de lui, et comme ces mouches peuvent être elles-mêmes pourvues d'une vitesse qui les porterait bien vite sous la volée de ses canons, il n'est pas nécessaire qu'elles soient pesamment armées, qu'elles aient beaucoup d'aiguillons pour se défendre.

C'est là précisément le rôle qu'est appelée à jouer la canonnière, et qu'elle peut remplir mieux qu'au-

cun navire qu'on ait encore construit. Rase sur
l'eau, se cachant dans un pli de la vague et n'offrant que peu de prise aux coups de l'ennemi,
n'ayant besoin que d'un équipage peu nombreux,
armée de canons de gros calibre et montés sur des
affûts à pivot qui lui permettent de combattre, soit
en retraite, soit en chasse, sans se déranger de sa
route, la canonnière satisfait à toutes les conditions
du programme, surtout si l'on a eu soin de lui donner une machine qui mette sa marche en rapport
avec celle des vaisseaux, si on l'a pourvue de chau-
dières qui puissent supporter une grande pression,
afin qu'elle soit toujours à même de fournir le coup
d'écoute dont parlait le commandant Paris. Il faut
qu'elle ait aussi son pas gymnastique. Le chas-
seur à pied de la flotte est trouvé. A la revue de
Portsmouth, et pendant le défilé des canonnières,
qui excitait un vif intérêt, un capitaine de vaisseau
anglais qui commandait une division de ces petits
bâtiments exprimait à un marin français l'embarras où l'on se trouvait encore pour manier toutes
ces mouches, pour régler leur tactique. — Pourquoi, lui répondit son interlocuteur, ne prendriez-
vous pas comme base et comme point de départ la
théorie de nos chasseurs à pied, sauf à la modifier
suivant les nécessités que l'expérience révélera? Il
y avait peut-être un côté plaisant dans cette réponse, mais elle avait aussi son côté sérieux et
juste.

Il s'en faut toutefois que les cent soixante-deux canonnières que les Anglais nous ont montrées à Portsmouth aient été construites d'après les données systématiques que nous venons d'exposer. Elles n'étaient dans le principe destinées, comme nous l'avons dit, qu'à la Baltique et à la mer Noire. De plus, les Anglais étant des gens pratiques qui ont une assez grande indifférence pour les systèmes, ils n'avaient certes pas pensé, en préparant cet armement, à y chercher des lois et des principes généraux qui fussent applicables à leur établissement maritime. Ils avaient en vue les embouchures de la Néva, du Bug ou du Don, et ce qu'ils se proposaient à peu près uniquement, c'était de créer un matériel qui fût capable de forcer l'entrée de ces fleuves. Puis, comme ils ne croient guère qu'aux faits, ils avaient attendu d'être éclairés sur les résultats obtenus dans la mer d'Azof avant d'entreprendre d'aussi nombreuses constructions, et il en était résulté que pour être prêts au printemps de cette année, ils n'avaient pas eu le temps de discuter bien longuement le plan de leurs nouveaux navires, si bien que la crainte d'échouer, dans le cas où ils se seraient bornés à un seul modèle, leur en avait fait adopter un assez grand nombre et un peu au hasard. Aussi ne manquait-il pas, le 23 avril, d'officiers qui usaient largement d'un droit que les Anglais comptent parmi leurs plus précieuses prérogatives, celui d'être mécontent et d'exprimer très haut son mécontentement. La critique trouvait en effet un champ très large pour s'exercer, lorsqu'à propos d'une seule espèce de bâtiments, confondus sous un nom unique, on lui présentait autant de variétés dont pas une n'avait encore pour elle l'autorité de l'expérience. Ainsi, pour ce qui est de la puissance de vapeur attribuée à chaque navire, on voyait vingt et une canonnières armées de machines de la force de 20 chevaux, deux de 40, cent dix-neuf de 60, quatorze de 200, comme les vaisseaux de ligne le *Hawke* et le *Russell*, six enfin de 350, autant que la belle frégate *Impérieuse*, plus que de certains vaisseaux de ligne. Pour ce qui est du nombre des bouches à feu, il y avait moins de différence, elle était de 2 et 6 canons seulement. Mais, par contre, les tonnages variaient depuis 212 tonneaux jusqu'à 868, les tirants d'eau depuis 4 pieds 3 pouces jusqu'à 12 pieds, et les vitesses enfin depuis 7 nœuds jusqu'à 13.

Il se peut que l'amirauté anglaise ait poussé presque jusqu'à l'abus le droit qu'elle avait de construire un nombre de modèles très variés. Ce n'est pas à nous toutefois de nous en plaindre ; car d'un côté nous pouvons profiter des enseignements que nous donnent les résultats obtenus par chacune de ces variétés, et, de l'autre, nous ne devons pas espérer, si enclins que nous soyons à la réglementation et à l'uniformité, que nous pourrons ramener toutes les canonnières à un type unique. Il y en aura nécessairement de classes différentes, quoique cependant il soit déjà facile de prévoir plusieurs conditions auxquelles toutes devront satisfaire. Ainsi, il faudra que la puissance de leur machine par rapport à leur tonnage, ou autrement dit leur vitesse, soit mise d'accord avec celle des vaisseaux qu'elles devront accompagner. C'est une proposition qui sans doute n'a pas besoin d'être discutée. Ensuite on peut déjà affirmer qu'il ne faudra pas se laisser tenter par le désir d'accumuler les bouches à feu sur les canonnières ; même aux plus grandes, une ou deux pièces de canon montées sur des affûts à pivot et embrassant tout l'horizon dans leur champ de tir, suffiront pour tous les services auxquels on voudra les employer. Navire de chasse, de retraite ou de reconnaissance, la canonnière doit avant tout, dans chacun de ces trois rôles, déployer une grande vitesse, pouvoir combattre en conservant le cap en route, et par conséquent n'être pas contrainte à virer de bord pour présenter le travers de ses pièces à l'ennemi. Le travers d'une canonnière ! il semble qu'il suffise de l'énoncer pour juger la question. Son mérite réside dans sa vitesse, et sa force dans le calibre et dans la portée de ses canons, mais non pas dans leur nombre. La canonnière qui d'une distance de 3,000 ou de 3,500 mètres, où elle sera elle-même presque invisible, pourra atteindre son ennemi, soit en le poursuivant, soit en fuyant devant lui, avec un boulet plein ou creux du calibre de 80, sera toujours plus redoutable que celle qui portera sur son travers trois ou quatre pièces de 30 ou de 50. On n'augmenterait le nombre des canons qu'en diminuant les portées ; on ferait la même faute que l'on commettrait si l'on ôtait à nos chasseurs à pied leurs redoutables carabines pour les armer de fusils de chasse à deux coups et de pistolets *revolvers* du colonel Colt ; ou bien, si l'on s'opiniâtrait à mettre des canons de gros calibre sur les flancs des canoninères, on s'exposerait à leur faire perdre leurs qualités nautiques : on les écraserait, on augmenterait leur tirant d'eau, on compromettrait leur stabilité et surtout leur marche. Ce n'est pas tout : l'augmentation du nombre des canons entraîne comme conséquence inévitable une augmentation correspondante dans le chiffre de l'équipage, et par suite encore on réduirait l'espace disponible à bord pour l'approvisionnement de la machine, attendu qu'il faudrait bien loger et les pièces elles-mêmes et les détails de leur armement, et les hommes appelés à les servir, et l'eau de ceux-ci, et leurs vivres et leurs effets. Ce serait persévérer dans un système où nous sommes déjà trop enclins à nous engager, et qui, au lieu de nous faire porter nos efforts sur les véritables bâtiments de combat, nous fait dépenser notre argent, notre matériel et, ce qui est plus précieux encore, notre personnel sur des navires que nous devrions pour la plupart rappeler au plus vite dans nos ports si, ce qu'à Dieu ne plaise, nous avions à soutenir une lutte contre une grande puissance maritime. Réservons nos hommes pour les navires de guerre proprement dits, et utilisons l'espace que nous pourrons ménager sur les bâtiments légers à développer leur portée ou leur vitesse. Il y aura d'un côté économie, et de l'autre accroissement de force réelle.

Nous n'avons considéré jusqu'ici les canonnières que comme une arme légère attachée à une grande armée navale qui tient la mer et qui en dispute l'empire à l'ennemi. En effet, c'est pour ce but principal que les flottes sont créées, c'est pour la bataille proprement dite et entendue dans le sens le plus rigoureux du mot, car de l'issue des batailles dépendent les résultats de la guerre. Tous les succès partiels et secondaires ne sont rien en comparaison de la perte ou du gain d'une bataille, tous les avantages de détail que nous avons pu remporter n'ont rien été pour nous après Aboukir et Trafalgar ; eussent-ils été plus nombreux et plus répétés, ils n'auraient pas encore eu d'influence appréciable sur les conséquences définitives de la lutte ; et malgré tout ce que l'on a dit du navire à vapeur, j'avoue que je n'en suis pas encore arrivé à comprendre comment une guerre entre grandes puissances pourra jamais être décidée autrement que par de grandes batailles perdues par les uns et gagnées par les autres.

Heureusement nous n'en sommes pas là, et si c'était seulement en vue d'une éventualité pareille qu'il fallût se mettre à construire des canonnières, on ferait peut-être bien de prendre le temps de la réflexion ; mais ce n'est pas seulement comme aviso attaché aux vaisseaux de ligne que la canonnière est appelée à rendre de précieux services. Si l'on récapitule en effet toutes les expéditions militaires ou maritimes qui ont été faites dans quelque partie du monde que ce soit depuis la paix de 1815, on verra qu'il n'en est pas une où la canonnière n'eût pu être très utile, pas une peut-être où l'on n'ait dû regretter son absence. Quels résultats n'eussent pas obtenus les Anglais en Chine et dans l'empire des Birmans, avec quelle rapidité n'eussent-ils pas mené des guerres qui leur ont coûté chacune plusieurs campagnes, s'ils avaient eu des canonnières à lancer sur le Yan-tze-Kiang ou sur l'Irawaddy ? Des canonnières les eussent du premier coup conduits à Pékin par le Pei-ho, comme elles les mèneraient presque jusqu'au Thibet en remontant le cours du fleuve Jaune, comme elles leur permettraient, par les puissants cours d'eau qui viennent déboucher sur le littoral, de porter le théâtre de la guerre sur telle province de l'empire chinois qu'il leur plairait de choisir. La canonnière menace de nous faire revoir les exploits

des anciens Normands, à moins qu'elle ne soit employée pour la cause de la civilisation, comme il
paraît qu'elle va l'être, car on assure qu'un certain nombre des canonnières que nous avons vues
à Portsmouth seront bientôt dirigées sur l'archipel
de la Malaisie, pour aller faire la guerre à cette race
de pirates et d'assassins qui infeste toute cette mer
avec des navires qui ne sont pas autre chose eux—
mêmes que des canonnières à rames, mais dont on
n'a pas pu encore avoir raison, parce qu'on ne les
a combattues jusqu'ici qu'avec des bâtiments tirant
trop d'eau ou trop dépourvus de vitesse. Nous—
mêmes nous avons pu juger par ce qu'elles ont fait
dans la mer d'Azof et aux embouchures du Bug,
des services que les canonnières sont appelées à
rendre dans une foule de circonstances. En effet,
dans laquelle de nos entreprises n'eussent-elles
pas été des instruments précieux? En 1823, elles
auraient aidé aux opérations devant Cadix; dans
les longs et nombreux blocus que nous avons faits,
soit sur la côte d'Afrique, soit à la Plata, soit sur la
côte du Mexique, elles auraient été d'une utilité
incomparable. Combien de sang ne nous auraient-
elles pas épargné lorsqu'il a fallu à Obligado forcer le passage du Parana? Comme elles auraient
soutenu la retraite et fait taire les fanfaronnades
de Santa-Anna au combat de la Vera-Crux! Mais
c'est surtout pour le cas d'un débarquement
qu'elles possèdent des qualités exceptionnelles,

soit qu'il faille l'appuyer par de l'artillerie, soit qu'il faille remorquer les chalands et conduire les embarcations chargées de troupe au rivage. Certes le débarquement de l'armée à Oldfort, en Crimée, s'est exécuté avec un ordre et une célérité qu'on ne saurait trop admirer ; mais combien les choses eussent été plus faciles encore et plus sûres, si l'amiral Hamelin et surtout sir E. Lyons avaient eu quelques canonnières à leur disposition !

C'est en vain que je cherche dans ma mémoire, je ne sais pas une de nos expéditions où les canonnières n'eussent pas été des auxiliaires inappréciables. Et ce n'est pas à la guerre seulement qu'elles trouvent leur emploi : elles pourraient encore figurer avec avantage dans les stations que la marine entretient en temps de paix. Aujourd'hui, grâce au ciel, nous n'avons de querelle avec personne, et nos divisions navales, répandues sur toutes les mers, n'ont plus à remplir qu'une simple mission de surveillance et de police. Qui pourrait la remplir mieux que les canonnières ? Sans doute il serait peu raisonnable de composer exclusivement nos divisions de navires de cette espèce, et les amiraux revêtus des commandements en chef ne pourraient pas mettre leurs pavillons sur des bâtiments aussi faibles ; cela ne conviendrait ni à l'importance de leur grade ni à la dignité du pays qu'ils représentent, et de plus il est bon qu'ils aient toujours sous la main quelque machine de guerre

plus puissante ; mais lequel d'entre eux ne rempla-
cerait pas avec empressement par des canonnières
quelques-uns des bâtiments qui sont aujourd'hui
sous ses ordres? Je ne prendrai pas une à une nos
diverses stations pour énumérer leurs devoirs et
justifier la thèse que je soutiens; mais je demanderai si pour réprimer la piraterie dans les mers
de la Grèce, pour faire la chasse aux négriers et
protéger les comptoirs que nous avons établis sur
la côte occidentale de l'Afrique, pour surveiller les
archipels de Taïti et des Marquises, il y a des navires qui puissent se comparer aux canonnières.
Ce sont des bâtiments spéciaux pour les services de
ce genre comme pour la garde de nos côtes,
comme pour faire la police de la pêche. Il est
cependant un exemple que je ne puis m'empêcher
de citer, et qui suffira, je l'espère, pour les autres :
c'est celui de la station des mers de l'Indo-Chine.
Cette station, chargée de la défense de nos intérêts
dans toute la vaste étendue des mers comprises
entre le cap de Bonne-Espérance au sud et le
Kamchatka au Nord, se compose aujourd'hui de
cinq bâtiments, à savoir : deux frégates à voiles de
50 canons, une corvette à batterie de 32, et deux
corvettes à vapeur de la force de 220 chevaux chacune, le tout portant un personnel de 1,355 hommes. Or qui doutera que l'amiral qui commande
dans ces mers ne verrait pas sa tâche grandement
facilitée, si, en lui laissant sa frégate, on rempla-

çait les quatre autres bâtiments par dix canonnières armées de machines de 100 chevaux de
force avec un équipage de 60 à 70 hommes chacune? Le nombre des navires serait presque dou-
blé, les moyens de service seraient augmentés
d'autant, et le chiffre total des équipages diminué
de 2 ou 300 hommes, denrée précieuse que nous
ne possédons pas en abondance, et que toutes les
considérations nous font un devoir de ménager. Je
suis si fermement convaincu de la justesse de ces
idées que si cela pouvait dépendre de moi, je
n'hésiterais pas à échanger les quelques 50 frégates et corvettes à roues que nous possédons et
qui représentent une puissance de 18 ou de 20,000
chevaux de vapeur, contre les 180 ou 200 canonnières que l'on armerait avec le même chiffre de
vapeur, qui n'emploieraient guère plus de monde
et qui n'auraient pas beaucoup plus coûté pour être
construites.

Je sais que c'est là chose impossible. Quoi qu'il
en soit, voilà la marine anglaise enrichie d'une
arme nouvelle. Comme il arrive presque toujours
pour les nouveautés, on est peut-être très porté en
ce moment à exagérer ses mérites, et je vois, par
exemple, dans un article de la *Quarterly Review*,
qu'on va presque jusqu'à proposer de ne plus
composer les flottes que de canonnières; d'autres
ne craignent pas d'affirmer que désormais on peut
attaquer les places fortes avec ces redoutables et

imperceptibles tirailleurs. Ce sont là des exagérations ; l'empire de la mer appartient toujours au vaisseau, et l'exemple de Sweaborg, que l'on cite de l'autre côté, prouve presque le contraire de ce que l'on avance, car le véritable résultat obtenu par les canonnières à Sweaborg a été d'occuper l'ennemi sans être elles-mêmes touchées par aucun de ses boulets. D'ailleurs elles n'ont guère fait plus de mal aux Russes qu'elles n'en ont reçu elles-mêmes ; les fortifications de Sweaborg étaient à peu près aussi intactes après qu'avant la canonnade ; c'est à l'intérieur de sa cuirasse qu'on lui a porté des coups sensibles, et cela a été l'œuvre des bombardes. Ces exagérations n'empêchent pas cependant que la canonnière ne soit une arme excellente, économique et sûre, admirablement propre au service d'éclaireur, et particulièrement capable de faire sur un littoral attaqué une guerre dont les annales du temps passé ne peuvent nous donner aucune idée. Ce que notre armée de terre avait gagné à la création des bataillons de chasseurs à pied, la flotte anglaise vient de le gagner par la création des canonnières : c'est aux autres puissances maritimes à voir les conséquences qui en résultent pour elles.

VI

Les bombardes.

Pour ceux qui s'intéressent aux choses de la marine, la vue de la flotte réunie à Portsmouth pour la revue de la reine d'Angleterre présentait le spectacle le plus instructif et le plus imposant qu'on ait encore pu contempler. C'était l'armement naval le plus complet qui ait jamais été rassemblé sur les flots ; on y voyait non-seulement les navires les plus parfaits que le génie de l'homme ait produits, mais aussi des bâtiments spéciaux pour tous les services auxquels une armée navale peut être employée : des vaisseaux de ligne pour la bataille rangée, des frégates et des corvettes pour les blocus, des canonnières pour l'attaque du littoral, des bombardes et des batteries flottantes pour celle des places fortes. J'ai déjà exposé les réflexions que m'ont inspirées les vaisseaux, les frégates et les canonnières, et je n'y reviendrai pas ; je veux aujourd'hui parler des bombardes. Le sujet, je l'espère, ne manquera pas d'intérêt, d'autant plus qu'avec le système de guerre adopté par les Russes, c'était surtout en vue de Cronstadt que tout cet armement avait été préparé, et c'était là en quelque sorte que la curiosité publique attendait la flotte anglaise. Or, pour réduire Cronstadt, c'est-à-dire une place forte du premier ordre, protégée par des travaux gigantesques et défendue par des circonstances naturelles toutes particulières, les véritables armes à employer, c'étaient les bombardes et les batteries flottantes ; les autres navires n'étaient là que pour les couvrir, les remorquer, les ravitailler, les fournir d'hommes et de matériel ; ils n'eussent, selon toute probabilité, joué dans la grande opération de la campagne qu'un rôle secondaire, même les vaisseaux de 100 et de 130 canons. Les instruments actifs eussent été les batteries flottantes et surtout les bombardes agissant sur les ouvrages des Russes comme la goutte d'eau qui souvent renouvelée finit par creuser le roc ; seulement la plus faible goutte qui eût été envoyée par ces machines de destruction serait arrivée sous la forme d'une bombe de 13 pouces tombant sur les casemates ou les blindages de l'ennemi avec un poids de 75,000 kilogr. auquel serait venue s'ajouter, comme autre cause de ruine et d'incendie, l'explosion du projectile après sa chute.

Cronstadt eût-il cédé au choc de pareils engins ?
Je le pense, mais je tiens à expliquer ma pensée.
Je doute encore que la ville eût été prise, c'est-à-
dire qu'elle eût été réduite à se rendre par capitu-
lation ou qu'elle eût été enlevée d'assaut ; mais en
revanche j'incline très fort à croire que les forts
détachés, le Rysbank, le Cronslott, etc., auraient
été démolis ; que le port militaire et la flotte qui s'y
était réfugiée et qui n'en pouvait sortir, auraient été
détruits et brûlés plus complétement encore que ne
l'a été l'arsenal de Sweaborg au mois d'août de
l'année dernière. Ce n'est pas 6,827 bombes et
11,200 boulets pleins ou creux que l'on eût jetés
sur la place et sur ses défenses, c'est par centaines
de mille que les projectiles de tout genre auraient
plu sur elles ; on ne les eût pas attaquées avec 16
canonnières et 21 bombardes seulement, car au
mois d'avril les Anglais avaient déjà à leur disposition et complétement armés plus de 150 navires
de chacune de ces espèces, et leurs ateliers étaient
montés pour pouvoir en produire un nombre presque illimité jusqu'à la fin de la campagne ; car enfin, au lieu de quarante houres qui avaient suffi
pour causer de si importants dommages à l'arsenal
de Sweaborg, la marine anglaise était à elle seule
en mesure de soutenir ses opérations devant Cronstadt pendant quarante, pendant cinquante ou cent
jours s'il l'avait fallu, pendant tout le temps que le

golfe de Finlande est libre de glaces, depuis le mois de mai jusqu'au mois d'octobre.

Il me semble donc très vraisemblable que Cronstadt et la flotte russe auraient succombé sous l'immense déploiement de forces qui étaient prêtes pour les combattre, et l'on peut supposer que cette croyance, partagée par le gouvernement de l'empereur Alexandre lui-même, doit être comptée parmi les raisons qui l'ont déterminé à accepter la paix.

S'il en est ainsi, c'est un bel hommage rendu à la puissance des armes dont dispose la marine, qu'une place de premier ordre comme Cronstadt qui capitule avant d'avoir subi l'effort de la flotte anglaise ! Il faudrait cependant se garder d'en tirer des conclusions trop rigoureuses, et de croire qu'un pareil exemple suffit à la solution du problème très controversé de la force relative des murailles de bois contre les murailles de pierre. Enoncé dans ces termes qui sont ceux où on le pose habituellement, ce problème ne me paraît présenter qu'une question oiseuse et qui échappe à toute discussion approfondie, c'est un des théorèmes les plus vagues et les plus insaisissables qui puissent occuper l'imagination des rêveurs. A cette question d'une généralité si nuageuse il n'y a moyen de répondre que par un aphorisme qui ne veut à peu près rien dire, quoiqu'il soit d'une incontestable vérité : La pierre est plus dure que le bois ; et si d'un côté je partage les sentiments des marins qui regardent

presque comme une impertinence l'assertion de
l'*Aide-mémoire de l'officier d'artillerie*, qui enseigne
qu'une batterie de quatre canons établie à terre doit
avoir l'avantage sur un vaisseau de 120, de l'autre
je me refuse à croire que les résultats obtenus par
lord Exmouth devant Alger, par l'amiral Roussin
dans le Tage, par l'amiral Baudin à Saint-Jean
d'Ulloa, par sir R. Stopford à Saint-Jean-d'Acre,
par le prince de Joinville à Tanger et à Mogador,
doivent être convertis en axiomes qui proclame-
raient la supériorité de l'artillerie de mer sur l'artillerie de terre. Les exploits de ces officiers sont
d'autant plus glorieux qu'ils doivent être regardés
peut-être comme des exceptions à ce qu'on est tenté
de prendre pour la règle générale, mais à coup sûr
ils ne peuvent pas la faire eux-mêmes. D'ailleurs,
est-il bien sûr qu'en pareille matière on puisse reconnaître une règle générale qui permette de juger
avec quelque certitude les espèces qui se présente-
ront? Je ne le pense pas et je ne le penserais pas
encore lors même que Cronstadt eût été pris. La
guerre, en effet, n'est pas une science qui ait des
lois fixes, c'est un art que dominent certains principes d'une généralité très-élastique et très-peu impérieuse, attendu que dans l'application ils sont
toujours et nécessairement modifiés par le temps,
par le lieu, par le climat, par la saison et par une
multitude infinie de circonstances morales, hu-
maines, politiques et autres qui échappent d'au-

tant plus à tout contrôle de la logique, que bien souvent encore elles se produisent à l'imprévu. C'est presque en lui-même et indépendamment des autres que chaque exemple doit être examiné pour être convenablement jugé ; chacun a presque sa théorie spéciale, et c'était en effet avec des moyens spéciaux, suggérés par deux campagnes d'études préparatoires, que les Anglais allaient traiter la question particulière de l'attaque de Cronstadt.

Cronstadt est, comme on sait, une petite île basse, longue de six à sept milles marins sur un mille dans sa plus grande largeur, et qui partage les embouchures de la Newa en deux passes. Celle du Nord, que les Russes avaient fermée par un barrage à l'endroit où elle est le plus étroite, de l'extrémité orientale de l'île à la pointe Lisi Noss sur la terre ferme (près de six milles marins), n'offre pas dans le chenal plus de 14 ou 15 pieds de profondeur, et au large de la côte nord de l'île jusqu'à un mille et même plus de distance, on ne trouve encore que 7 ou 8 pieds d'eau. Une attaque de ce côté est donc impossible aux bâtiments de haut bord, aussi est-il comparativement peu fortifié ; au commencement de la guerre il n'était battu sur un front d'un peu plus de 2,000 mètres que par le rempart de la ville, située à l'extrémité orientale de l'île du côté de Saint-Pétersbourg, et par les deux forts d'Alexandre et de Catherine, construits dans l'ouest de l'île. Depuis on avait sans doute ajouté à ces ouvrages quelques batteries en terre, comme on avait amarré à poste fixe derrière le barrage plusieurs vaisseaux et frégates soulagés de leur mâture et de tout leur matériel, sauf l'artillerie, pour les faire flotter. On doit supposer que la défense dans ses prévisions, croyant n'avoir jamais à repousser dans cette partie que les insultes ou les reconnaissances de quelques bâtiments légers, bricks ou bateaux à vapeur, etc., s'était contentée de leur fermer le passage et de leur opposer une masse d'artillerie qui serait en effet très-supérieure à des bâtiments de cet échantillon, et ce qui prouve qu'elle ne comptait pas avoir affaire à des ennemis plus puissants ou plus dangereux, c'est qu'elle n'avait rien fait pour occuper le beau bassin qui s'étend entre l'île et la terre ferme. Il restait ouvert : un ennemi maître de la mer pouvait s'y établir comme dans le port le plus sûr, et s'il parvenait à se procurer des navires qui fussent à la fois d'un faible tirant d'eau et armés d'une artillerie plus efficace ou à portée plus longue que celle des batteries de l'île, ce bassin devenait entre ses mains une base d'opérations redoutable.

La passe du sud est moins large que l'autre ; de ce côté, l'île et la terre ferme se développent presque parallèlement, en laissant entre elles un bras de mer d'une largeur à peu près uniforme de cinq milles marins. Mais si elle a moins de largeur, en

revanche la passe du sud est plus profonde, ainsi
que cela doit arriver dans un canal resserré qui
sert de déversoir à une masse d'eau considérable.
Dans cette partie, un chenal très étroit permet aux
vaisseaux de premier rang qui arrivent de l'ouest,
c'est-à-dire du large, de remonter tout chargés jusqu'à l'extrémité orientale de l'ile, où se trouvent les
bassins du port militaire, à seize ou dix-sept milles
seulement de Saint-Pétersbourg. C'est la route que
suit la navigation ordinaire, c'est la direction par
laquelle la défense s'attendait à être attaquée. Aussi
avait-elle accumulé sur ce point des moyens de résistance formidables, et elle y avait été aidée par la
disposition naturelle des lieux qui, en lui offrant
cinq îlots tout formés sur les eaux de la grande et
de la petite rade, l'avait en quelque sorte invitée à
y construire un échiquier de forteresses dont les
feux, combinés avec ceux de la terre, auraient pris
à la fois de front, d'écharpe et de revers toute escadre, même à hélice, qui se serait follement aventu-
rée à tenter une attaque de vive force contre le port
de Cronstadt. C'étaient, en partant du côté de
l'ouest, le fort Constantin, armé de 25 pièces de
canon ; le fort Alexandre, de 116 pièces, sur qua-
tre étages de granit ; le fort Pierre Ier, de 78 pièces ;
le Risbank, de 60, sur deux étages, le Cronslott, de
88, appuyées sur l'île même par le fort de Menschikoff, portant 44 pièces sur quatre étages, et par
la face orientale de l'enceinte de la ville portant

70 pièces et 12 mortiers en batterie : total, 493 bouches à feu, sans compter celles qui étaient établies sur les remparts de la ville, dans les forts, les redoutes et les batteries qui couvraient le reste de l'île et la côte voisine de la terre ferme. C'était cent fois plus qu'il n'en fallait pour arrêter une flotte de vaisseaux de ligne qui, engagée dans un chenal étroit où elle eût été obligée de marcher dans un ordre imposé par les circonstances locales, se serait trouvée partout en proie à un ouragan de feux calculés pour la frapper dans ses parties les plus sensibles et dans des positions où le secours de ses batteries lui eût été presque toujours inutile. Il y aurait eu de la démence à risquer une pareille entreprise.

Ainsi la passe du nord était matériellement interdite aux bâtiments chargés d'une nombreuse artillerie par le défaut de profondeur de l'eau, et la passe du sud leur était également fermée par les ouvrages que l'ennemi y avait construits en les combinant avec l'étroitesse du chenal par lequel il fallait cheminer pour pénétrer avec de grands bâtiments jusqu'à Cronstadt. Tout cela constitue certainement une assiette de défense très solide ; il est cependant deux choses qu'il faut bien remarquer : la première, c'est que la seule circonstance naturelle qui rende cette position si forte, c'est le peu de profondeur de l'eau ; la seconde, c'est que le plan de défense semble avoir été presque uniquement calculé en vue d'une attaque tentée par des vaisseaux combattant comme les vaisseaux peuvent combattre, c'est-à-dire avec beaucoup d'artillerie, mais avec des feux directs, ou du moins sans avoir à leur service d'autres feux courbes que ceux de leurs canons obusiers.

Dans ces conditions, le problème à résoudre pour l'attaque c'était de trouver des navires d'un faible tirant d'eau, afin de pouvoir approcher à portée utile sans courir de trop grands risques ; mais attendu que cette hypothèse exclut les bâtiments armés d'une artillerie nombreuse, c'est-à-dire capables d'emporter de haute lutte des positions importantes et d'obtenir des résultats rapides pour un coup d'éclat, il fallait aussi que ces navires fussent pourvus d'armes qui leur permissent de combattre à des distances où ils n'auraient rien à craindre des feux de l'ennemi, ou bien qu'ils fussent revêtus d'armatures qui, pour un temps au moins, les rendissent presque invulnérables. Or les bombardes et les batteries flottantes devaient satisfaire à cette triple exigence d'un faible tirant d'eau et de l'invulnérabilité acquise soit par la distance, soit par la cuirasse qu'on leur faisait porter.

Cela nous ramène à la question si controversée des avantages comparatifs que présentent pour l'attaque des places les feux courbes et les feux directs, les mortiers et les canons, les bombes et les boulets. Je n'y entrerai pas pour mon compte, bien que cependant le sujet ait été rendu très abordable même aux gens non spéciaux par beaucoup d'écrits qui ont paru dans ces dernières années, et surtout par le *Traité des bombardements* (1) du capitaine d'artillerie (aujourd'hui colonel) de Blois. L'auteur, qui conseillait si vivement en 1848 l'emploi de la bombe dans les siéges, a eu la rare fortune d'appliquer lui-même ses idées et de les voir triompher à Sébastopol ; car s'il est vrai que c'est la baïonnette de nos soldats qui a enlevé Malakoff, il n'est pas moins vrai que ce sont les bombes qui ont écrasé les ouvrages des Russes, et qui les eussent peut-être chassés de leurs batteries mêmes sans l'assaut du 8 septembre. C'est ce que disent aujourd'hui les officiers russes, et comme preuve des épouvantables effets que produisent les bombes, on lisait l'autre jour dans une correspondance de Crimée publiée par le *Times* qu'à un dîner donné par des officiers anglais à des officiers russes, l'un de ceux-ci avait raconté qu'ayant pris la garde à Malakoff dans la soirée du 6 septembre, son régiment fort de 3,400 hommes et de 72 officiers, avait perdu dans les vingt-quatre heures écoulées jusqu'à la soirée du lendemain 7, où on

______

(1) *Traité des bombardements*, par E. de Blois, capitaine d'artillerie, inspecteur des armes de la garde nationale de Paris, membre adjoint de la commission des armes portatives. Un volume in-8°. Paris, chez Corréard.

l'avait relevé, 2,800 hommes et 51 officiers tués ou blessés. C'est un terrible argument en faveur des bombardements. D'ailleurs il n'est peut-être pas besoin d'appartenir aux armes savantes, ni à l'artillerie ni au génie, pour se rendre compte des avantages considérables que les bombardes employées en grand nombre offraient pour une attaque sur Cronstadt.

En effet, les bombardes eussent donné aux assiégeants le pouvoir de ruiner à distance le port et les forts des russes sans avoir rien à en redouter pour elles-mêmes. Les modèles que j'ai vus à Portsmouth (il y en avait une soixantaine complétement armés à la revue de la reine) étaient de petits navires gréés en cutter, et dont le mât unique pouvait se démonter pour le combat, longs de trente-cinq à quarante pieds sur douze ou treize de large, à fonds très arrondis, tirant huit pieds d'eau tout chargés, pourvus d'un équipage de seize hommes chacun, armés enfin d'un mortier du calibre de treize pouces et d'une portée de 5 milles anglais, un peu plus de 8,000 mètres. C'est le seul modèle que j'aie vu, mais je sais que l'on en avait préparé d'autres de moindres dimensions, d'un tirant d'eau plus faible, si plats qu'on devait les emporter attachés au bord des grands navires, sous le bras, comme disent les marins, d'autres encore qui étaient composés de cylindres et de pièces en tôle qu'on aurait ajustés et montés sur

le lieu des opérations, véritables radeaux qui flot-
taient dans quatre pieds d'eau, mais qui tous por-
taient des mortiers de treize pouces. La différence
entre les diverses classes de ces instruments n'était
pas dans la puissance des armes, mais seulement
dans les dimensions superficielles, dans les tirants
d'eau, dans la quantité des munitions qu'ils pouvaient porter avec eux.

Et maintenant, éclairé par l'expérience faite à
Sweaborg, où l'on a vu vingt et une bombardes,
mouillées sur leur ancre à 3,500 mètres de la
place, tirer sur elle pendant quarante heures con-
sécutives sans être touchées elles-mêmes par aucun
des projectiles de l'ennemi ; si l'on prend une carte
de Cronstadt et que, le compas à la main, on trace
d'abord autour de tous les ouvrages russes une
circonférence de 8,000 mètres de rayon qui repré-
senterait la distance d'où les bombardes pourraient les combattre, et qu'ensuite on diminue
cette zone d'une longueur de 3,500 mètres réser-
vée autour des terres et de toutes les batteries
comme étant le terrain défendu sur lequel les
bombardes n'auraient pas dû se hasarder, on
trouvera qu'il reste encore dans la passe du sud, et
surtout dans la passe du nord, un espace immense
où les bombardes auraient pu se déployer, et du
sein duquel elles auraient pu prendre à revers
toutes les fortifications de l'ennemi et les ruiner
sans courir elles-mêmes aucun danger. On ne

saurait deviner d'une manière précise comment cette idée eût été appliquée sur les lieux, mais il est difficile de croire qu'elle n'eût pas réussi. Il est probable que les Anglais, se conformant au principe établi par M. de Blois, auraient essayé d'un bombardement général et simultané ; or en admettant, ce qui est certainement au-dessous de la vérité, qu'ils n'eussent employé que cent bombardes à la fois, on arrive à ce résultat que cent bombardes agissant ensemble et tirant cent coups chacune par vingt-quatre heures, eussent vomi sur Cronstadt 10,000 bombes, représentant un choc de 750 millions de kilogrammes, distribués par doses de 75 tonnes, suivies chacune d'une explosion et laissant chacune après elle une cause d'incendie. Cronstadt eût nécessairement succombé sous une pareille tourmente, et il eût succombé presque sans pouvoir se défendre. L'immense avantage de portée qu'ont les feux courbes comparés aux feux directs donnait à l'attaque une supériorité irrésistible et laissait les assiégés presque sans moyens de résistance contre un pareil système. Cronstadt, en effet, n'aurait eu que ses canons à opposer, et le tir des pièces les plus puissantes, qui devient incertain sur un but ordinaire au-delà de 1,500 mètres, expire à 3,500 ! Que peut un malheureux canonnier posté sur son rempart à qui l'on désigne un point, une tache à la ligne de l'horizon, au-delà de la portée de sa pièce ? Eût-

on essayé de contre-battre les bombardes anglaises
avec des mortiers? c'eût été peine et poudre perdues. Le tir de la bombe est si peu sûr que pas
une peut-être sur mille ne fût arrivée au but, car
il aurait fallu les diriger sur des objets que l'on
aurait à peine vus à la distance donnée, et qui
avaient été construits à dessein dans les proportions les plus réduites pour les soustraire même
aux chances du hasard. Pour comble de malheur,
ce qui paralysait la défense gênait très peu l'effort
de l'attaque. Un canonnier dans sa batterie peut
avoir de la difficulté à apercevoir une petite barque mouillée à une lieue de lui, et il ne lui envoie
une bombe qu'avec la presque certitude de ne pas
l'atteindre, tandis que le marin dans sa barque
aperçoit toujours une ville, et il ne la manque pas,
comme il ne manque pas des ouvrages tels que
le port militaire de Cronstadt, un rectangle d'une
étendue superficielle de 210,000 mètres carrés, ni
le Cronslott, qui en a près de 100,000, ni même
le Risbank, qui n'en a pas beaucoup moins de
50,000. Et ce n'est pas tout, car à Sweaborg
encore les canonnières, manœuvrant à une distance moyenne de 1,700 mètres seulement des
murs de la place, l'ont canonnée pendant deux
jours sans être une seule fois touchées par aucun
des projectiles de l'ennemi, si bien que les canonnières, outre les services qu'elles auraient rendus
aux bombardes en les menant à leurs postes, en

renouvelant leurs munitions, leurs vivres et leurs garnisons, les auraient encore pu appuyer dans le combat par le feu de leurs obus. Seulement ce n'eût pas été, comme à Sweaborg, seize canonnières, mais cent cinquante ou deux cents que l'Angleterre elle seule eût conduites devant Cronstadt.

Tout ceci paraît fort simple ; il faudrait cependant se garder d'en conclure que toutes les places maritimes peuvent être réduites par des moyens identiques. Ainsi, par exemple, ce qui est vrai de Cronstadt ne l'est pas de Portsmouth, en ce sens que par aucun côté les bombardes ne pourraient s'en approcher à portée utile sans se trouver exposées sur tous les points à l'action de feux directs contre lesquels il leur est absolument impossible de lutter. Les terres, soit celles du comté de Hampshire, soit celles de l'île de Wight, enveloppent tellement Portsmouth, qu'il n'est aucun chemin qui y conduise qui ne puisse être défendu avec du canon. C'est par terre seulement que l'on pourrait attaquer Portsmouth avec quelque chance de succès. Cronstadt, au contraire, est entouré par une nappe d'eau si vaste, qu'il reste exposé sans défense aux coups des mortiers. Les circonstances locales et les travaux des hommes ont fait en sorte qu'il n'a rien à craindre des feux directs, mais ils n'ont rien fait pour le protéger contre les feux courbes. Cela est certain ; n'oublions pas cependant qu'outre les bombes et les mortiers il fallait encore compter sur le concours d'une foule d'autres circonstances qu'on n'eût pas rencontrées dans d'autres lieux ou contre un autre ennemi, et qui étaient toutes utiles et peut-être même indispensables à la réussite de l'opération. Pour conduire tous ces frêles navires devant les remparts qu'ils devaient foudroyer, pour les ajuster, les monter, les armer, les approvisionner, il fallait être maître absolu de la mer ; pour les faire flotter, pour être sûr de leurs services, il fallait trouver les eaux paisibles du golfe de Finlande, une mer sans houle, sans marée et presque sans courant ; pour nourrir tout ce monde, il était au moins avantageux d'avoir derrière soi les côtes neutres ou amies de la Suède, du Danemarck, de la Prusse ; pour fournir à la consommation de matériel de guerre qu'eût entraînée une opération qui, sous peine de ne pas aboutir, devait être dès le principe conduite avec un développement de force gigantesque, il n'était pas indifférent d'être à cinq ou six jours seulement des arsenaux de la France et de l'Angleterre, et de trouver à quelques milles de soi des îlots comme Nargen pour y établir ses dépôts, ses hôpitaux et ses magasins.

Tout cela se trouvait réuni au grand bénéfice du système d'attaque, et il n'est pas téméraire de croire que sous tous ces moyens Cronstadt eût été écrasé, incendié, réduit en poussière. Cela cepen-

dant n'aurait sans doute pas suffi aux alliés ; après
avoir détruit la place par les bombes, ils auraient
probablement essayé de la prendre, afin de pous-
ser, s'il eût été possible, jusqu'à Saint-Pétersbourg.
C'est alors que seraient intervenus dans le siége
les batteries flottantes, et derrière elle les vaisseaux de ligne, phase nouvelle dont il eût été beaucoup plus difficile de prédire le résultat que celui
de la première, mais qui n'eût pas été moins intéressante à cause de la nouveauté des armes que
l'on y eût employées et que j'essaierai prochaine-
ment de décrire et d'apprécier.

VII

Les batteries flottantes.

Je n'ai pas la prétention de connaître le plan que les Anglais se proposaient de suivre dans l'attaque de Cronstadt ; je ne sais pas même si ce plan a jamais été arrêté, et c'est en prenant pour guide les simples conseils du bon sens que j'essaie de conjecturer ce que probablement ils auraient fait. Mon but n'est pas de démontrer que Cronstadt pouvait enfin être ruiné ou pris, mais de décrire les moyens par lesquels on espérait atteindre ce résultat. Aussi n'ai-je aucun besoin de faire un journal de siége méthodique ni d'estimer avec une

exactitude rigoureuse les ressources de la défense ,
il me suffit de ne pas me tromper sur la valeur
des armes que l'attaque aurait employées, car
c'est sur elle seule que porte cette étude : Cronstadt n'y figure que comme une hypothèse, comme
un exemple invoqué pour la clarté de la discussion.
Je suppose donc qu'après avoir occupé les eaux
qui enveloppent Cronstadt et s'y être établie très-
solidement, c'est-à-dire après avoir pris tout le
temps nécessaire pour réunir ses convois, pour
disposer ses bâtiments, pour assurer leurs approvisionnements de tout genre, car l'expérience a
prouvé que pour être efficace un bombardement
doit être à la fois général et simultané, et entrepris avec tous les moyens de l'assiégeant; je suppose, dis-je, que, ces préliminaires étant accomplis, la flotte anglaise aurait ouvert le feu de ses
bombardes, puis, lorsque l'œuvre de destruction
aurait été passablement avancée, lorsque les défenses de la place auraient été en partie ruinées,
lorsqu'on aurait pu croire le moral de sa garnison
quelque peu ébranlé, on aurait fait venir les batteries flottantes, remplissant dans cette opération
un rôle à peu près identique à celui que jouent
par terre les batteries de brèche, celles dont l'emploi spécial est d'ouvrir les murailles de l'assiégé,
et qu'on ne met en jeu qu'après avoir éteint les
feux, bouleversé les épaulements du front attaqué.
Dans mon humble opinion, c'est par la passe du

nord qu'on eût fait approcher les batteries flottantes, c'est sur l'angle nord-ouest de l'enceinte
de la ville qu'on eût dirigé leur principal effort, et
c'est par là qu'une fois la brèche ouverte, on eût
risqué l'assaut sous la protection des canonnières.
S'il eût réussi, si seulement on fût parvenu à s'é-
tablir dans la ville, les forts détachés qui défendent la passe du sud, déjà ruinés et ébranlés par
un bombardement de plusieurs jours, et menacés
d'être pris à revers, fussent sans doute devenus
accessibles sans trop de témérité aux vaisseaux de
ligne, qui seraient peut-être alors entrés dans le
port en même temps que le corps de débarquement pénétrait dans la ville. Il ne faut pas oublier
cependant que rien de tout cela n'eût été facile, et
que, si efficace qu'eût été le bombardement, la
suite des opérations que nous supposons eût probablement été très-hasardeuse; aussi ne voudrais-
je pas garantir que le succès leur fût assuré, et si
je les ai indiquées, c'est seulement pour préciser
bien nettement le rôle qui eût appartenu aux batteries flottantes, pour fixer l'heure où elles fussent
entrées dans l'action, le résultat qu'on eût demandé à leurs canons, et le moment où elles n'auraient plus trouvé d'emploi.

En cherchant à nous rendre compte de ce que
sont les batteries flottantes, nous arriverons à voir
comment on peut déterminer ces divers instants
avec quelque chance d'exactitude.

La batterie flottante, ou du moins ce qu'on appelle aujourd'hui de ce nom, est une réponse frappante, matérielle et tout à fait catégorique à la question si souvent agitée de la force comparative des murailles de pierre contre les murailles de bois ; c'est l'infériorité réelle de ces dernières qui a produit les batteries flottantes, et tout ce que l'on peut dire ou croire de la puissance de l'artillerie de mer ne saurait rien prouver contre ce fait, qu'une fois engagé dans une guerre avec un ennemi civilisé, défendu par des places fortes ré-gulières et disposant de ressources immenses, il a fallu, pour essayer de faire brèche par mer dans ses fortifications, arriver à construire des bâti-ments qui offrissent aux coups de l'ennemi une résistance beaucoup plus solide que le bois ne le pourrait faire. C'est d'ailleurs une nécessité que les hommes pratiques en artillerie ou en marine ont ressentie de tous les temps, et l'on doit croire que dès le premier jour où l'on a mis une pièce de canon à bord d'un navire ou sur un rempart, on a vu surgir en foule les projets destinés à cou-vrir les bâtiments de mer contre les chances multi-pliées de blessures et d'avaries qu'ils rencontrent dans les combats. Il y aurait peut-être quelque in-térêt à rechercher l'histoire de ces innovations dans les siècles passés ; mais cela nous mènerait trop loin, et il doit nous suffire de savoir qu'elles ont toutes échoué, y compris les fameuses batteries flottantes

avec lesquelles le général d'Arçon s'était flatté de
réduire Gibraltar lors du siége de 1782.

La grande difficulté à résoudre, c'était de trouver une substance qui fût à la fois assez résistante
pour n'être pas pénétrée par les projectiles de l'ennemi, et assez légère pour que le poids nécessaire
de la cuirasse qui en serait formée ne mît pas le navire qui en serait pourvu dans l'impossibilité de
flotter. Le chevalier d'Arçon avait imaginé, lui, de
construire des bâtiments à doubles murailles, et
en remplissant l'intervalle avec du sable mouillé,
dont il entretenait l'humidité au moyen de pom-
pes, il essayait de transporter à la mer les conditions de la fortification terrestre : il opposait épaulement à épaulement. Le sien cependant se trouva
inévitablement trop faible, ses batteries ne durè-
rent qu'un jour. Malgré la supériorité qu'elles
semblaient avoir obtenue pendant la première
heure de combat, et qui venait non de leur force
de résistance, mais de la supériorité numérique
des pièces qui les armaient, on les vit bientôt perdre leur avantage : le soir elles étaient toutes en
feu et le lendemain elles avaient disparu de la surface des flots. Quelques auteurs attribuent, il est
vrai, cet échec à la maladresse de l'équipage d'une
batterie espagnole qui se serait incendiée elle-
même; le fait peut être exact pour cette batterie en
particulier, mais il est difficile de croire qu'il ait
entraîné l'incendie de toutes les autres, et ce qui

doit faire penser que l'expérience suffit à faire juger le système, c'est que depuis personne n'a songé, que je sache, à reproduire les batteries du chevalier d'Arçon.

Les progrès de l'industrie métallurgique devaient nous rendre possible la réalisation de ce que nos devanciers avaient rêvé sans pouvoir l'accomplir. En effet, à mesure que l'art de produire et de travailler le fer se perfectionne, et Dieu sait les pas de géant qu'il a faits depuis le commencement du siècle, on voit se répéter l'idée d'envelopper les navires dans une cuirasse de fer, substance qui sous un poids et sous un volume comparativement très-légers présente une force de résistance très-considérable. Avec les merveilleux outils que chaque jour voit inventer, l'idée devient chaque jour aussi plus praticable; d'un côté, le prix de la matière diminue, et de l'autre, la faculté de le ployer à tous les usages croît dans des proportions rapides. Parmi les illustrations du siècle, nul n'a suivi, je crois, ce double mouvement avec un plus vif intérêt que le regrettable général Paixhans, qui a fait faire tant de progrès à l'artillerie de mer. Dans ses écrits il revient sans cesse, comme il revenait dans ses discours et dans sa conversation, sur le projet d'armer les navires d'une cuirasse impénétrable. Dès 1809 il avait fait lui-même des expériences dans le but d'éclairer la question ; dès

1825 il proposait, dans un de ses ouvrages (1), les données générales d'une batterie flottante, et, fait qu'il faut citer comme preuve honorable de la justesse de ses aperçus, c'est qu'en indiquant sept à huit pouces pour l'épaisseur des plaques de revêtement destinées à supporter l'effort des gros calibres dont il préconisait l'emploi avec tant de raison, il fixait à quatre pouces l'épaisseur de celles qui devaient être capables de résister aux plus grosses pièces alors en usage dans les opérations par terre. Or, c'est quatre pouces d'épaisseur qu'on a donnés à la carapace des batteries construites en 1854 en France et en Angleterre ; ce sont des plaques de quatre pouces qui à Kinburn ont résisté sans peine aux canons de 24 de la forteresse russe, dans la matinée du 17 octobre 1855.

Il n'a cependant pas été donné au général Paixhans de voir une batterie flottante. Pendant la longue paix dont nous avons joui, le génie maritime éprouvait une répugnance très-naturelle à construire des machines qui non-seulement n'avaient aucune application possible dans la paix, mais qui de plus encore ne doivent rendre de services en temps de guerre que dans des circonstances tout à fait spéciales. L'homme de l'art et le consommateur intelligent des fonds du budget se

(1) *Expérience faites par la marine française,* un vol. in-8°, Paris, 1855. Voir pag. 92 et suiv.

révoltaient à la fois contre un pareil emploi des
deniers publics. Je crois, pour ma part, qu'ils
avaient raison, et je pense que tout le monde sera
du même avis lorsqu'on n'oubliera pas qu'une batterie flottante coûte plus qu'une frégate de 50 canons. Et quelle différence entre les deux ! L'une,
lourde et pesante, ayant sur l'eau l'apparence
d'une caisse naufragée, n'osant pas s'éloigner de la
côte par crainte du mauvais temps ou du défaut de
vivres et de charbon, privée de tout ce qui fait la
grâce et la beauté, essentiellement dénuée de qualités nautiques, et par-dessus tout sans emploi possible en temps de paix ; l'autre, au contraire, élégante et fière autant que rapide et forte, portant
sa mâture et ses flammes jusqu'au ciel, capable de
tenir la mer pendant quatre mois et plus sans
apercevoir la terre, appareillant sur un signe du
télégraphe pour une campagne de trois ou de quatre ans, habitation charmante par le beau temps,
recevant un coup de vent avec autant d'aisance que
l'oiseau auquel elle a emprunté son nom, recélant
dans ses flancs une puissance militaire qui lui
assure le respect dans toutes les mers du monde,
en un mot, le plus utile comme le plus bel instrument dont nous ayons pu disposer lorsque, après
la paix de 1815, la liberté des mers nous ayant été
rendue, il a fallu aller partout rétablir l'honneur
de notre pavillon compromis par les désastres du
premier Empire, rouvrir la route à notre commerce

oublié, reporter jusqu'aux antipodes le nom, l'influence et la civilisation de la France. Personne n'accepte plus sincèrement que je ne le fais les progrès de la navigation à vapeur, et n'est plus convaincu que le rôle des bâtiments à voiles est fini dans la marine militaire ; mais aussi j'ai traversé sur une frégate de 60 canons les mers enchantées des tropiques, j'ai subi avec elle dix-neuf jours de coups de vent consécutifs dans les parages du cap de Bonne-Espérance ; j'ai vu comment elle se comportait au milieu des orages et des déluges qu'apporte avec elle la mousson du sud dans l'océan Indien, et le souvenir qui m'en est resté est celui d'une admiration profonde qui devait être bien plus vive encore chez les gens du métier, et qui devait les éloigner fort de dépenser leur budget sur des machines d'un usage aussi borné que le sont les batteries flottantes, alors qu'ils avaient à refaire la position de la France sur toutes les mers du globe.

La guerre, et surtout la guerre à faire contre les places fortes de la Russie, devait changer la situation et faire reprendre le fil des anciennes idées, en cherchant à les réaliser par les moyens nouveaux que les progrès de l'industrie métallurgique mettaient à la disposition des ingénieurs. Frappé des résultats que les Russes avaient obtenus à Sinope par l'emploi des boulets creux, et convaincu qu'on ne pouvait exposer sans témérité des murailles de bois aux coups de pareilles armes, l'Empereur, dit le *Moniteur* du 12 novembre 1855, prit l'initiative et ordonna de faire une série d'expériences sur le degré de résistance que des plaques de fer pourraient opposer à la pénétration des projectiles explosibles. Le but que l'on se proposait était d'arriver à construire des cuirasses sur lesquelles les obus se briseraient, et en cherchant dans cette voie, on parvint à des résultats plus considérables que ceux que l'on poursuivait : on acquit la certitude que des plaques de 10 centimètres d'épaisseur non-seulement ne seraient pas entamés par les obus de toutes les dimensions, mais supporteraient encore sans en souffrir le choc de boulets du calibre de 24. La question était résolue en principe, et cependant on dit que, pour la traduire en fait, l'Empereur eut besoin d'employer quelque peu de la persévérance et de la force de volonté qui le caractérisent. S'il en est ainsi, on ne peut que louer la volonté qui a passé outre aux obstacles; mais aussi, en cherchant à se rendre compte de ce qu'étaient ces obstacles, on comprendra les scrupules des gens de l'art. Pour eux, la question était complétement renversée : auparavant, pendant la paix, ils se refusaient, et avec raison, à dépenser leurs ressources sur des constructions dont les principales données restaient encore enveloppées d'un vague presque impénétrable ; maintenant, au contraire, on leur imposait des conditions si précises et si rigoureuses, qu'ils avaient à craindre de ne pas pouvoir les remplir d'une façon satisfaisante.

Voici quel était en effet le nouveau programme : Construire des bâtiments percés de trente-deux sabords au moins, revêtus sur tout leur pourtour et jusqu'à 60 centimètres au-dessous de la flottaison, de plaques de fer d'une épaisseur de 10 centimètres et demi, recouverts sur le pont d'un véritable blindage de 35 centimètres d'épaisseur qui les mît à l'abri des bombes de 22 centimètres, capables de porter au moins 16 pièces du plus gros calibre (50 français et 68 anglais), ne devant avoir que la moindre hauteur de batterie possible, afin d'offrir la moindre surface aux coups de l'ennemi, destinés à recevoir, mais en la logeant au-dessous de la flottaison, une machine à hélice de la force nominale de 150 chevaux de vapeur, réduits enfin tout chargés à un tirant d'eau maximum de 2 mètres 50 à 2 mètres 60 centimètres. Cette dernière condition, qui entraînait des conséquences si gênantes et presque incompatibles avec les nécessités nautiques de bâtiments qui avaient à franchir 500 et 1,000 lieues de distance par mer avant de se trouver en présence de l'ennemi, cette dernière condition était de rigueur absolue ; elle était fatalement imposée par la nature même des lieux où les batteries flottantes devaient opérer. Il en est résulté des navires carrés comme des galiote hollandaises, longs de 43 mètres, sur 14 de largeur et 5 de profondeur, depuis le fond de la cale jusqu'à la hauteur du pont qui sert de couverture. Sans leur armement, ils pèsent à peu près 1 million 500,000 kilogrammes, presque autant que nos plus grandes frégates, et pour un poids pareil on ne leur accorde qu'une assiette de 7 ou 8 pieds de tirant d'eau, tandis que celui des frégates est de 15 à 18 pieds. Ils roulent beaucoup, ils fatiguent encore plus au tangage; de leur mâture, il n'en saurait être question : le peu de voiles qu'ils peuvent mettre dehors ne sert qu'à soulager, et encore dans une proportion presque insensible, l'effort de leur machine ; ils ne portent qu'une quantité presque insignifiante de combustible, de vivres et de munitions; leur machine ne leur donne, dans les circonstances les plus favorables, qu'une vitesse de 4 nœuds à l'heure ; enfin ils gouvernent à peine, une houle, même assez faible, paralyse l'action de leur gouvernail, si bien que quand on a expédié des ports de France et d'Angleterre cinq batteries flottantes pour la mer Noire, il a fallu les faire escorter chacune par une frégate à vapeur pour les faire marcher, pour les maintenir dans la route qu'elles n'eussent peut-être pas pu suivre elles-mêmes si elles eussent été abandonnées à leurs propres moyens, et aussi pour leur servir de bateau de sauvetage dans le cas, qu'il était prudent de prévoir, où elles auraient été compromises par le mauvais temps. Ajoutons cependant que le voyage s'est mieux passé qu'on ne le croyait ; les batteries se sont très-bien comportées, pour ce qu'on en devait attendre, dans les coups de vent qu'elles ont reçus dans le golfe de Gascogne et dans la mer Noire. Nos ingénieurs avaient fait mieux qu'ils ne l'espéraient eux-mêmes.

Ce ne sont certainement pas de beaux navires, mais ils ne sont pas marqués non plus des signes distinctifs de la véritable laideur, c'est-à-dire le défaut de caractère et de style, la vulgarité, le décousu des lignes et des formes ; il s'en faut de beaucoup. Je n'ai visité en détail qu'une seule batterie flottante, le *Glatton* anglais, construite d'ailleurs comme ses pareilles sur des plans fournis par l'amirauté française, et j'avoue qu'en mettant le pied à bord j'ai été frappé de l'apparence guerrière et sévère qu'elle présentait. Ce pont complétement nu, véritable toit de casemate ; ces panneaux aux hiloires massives, cette longue batterie imparfaitement éclairée par des sabords étroits, ces canons énormes qui montent presque jusqu'aux baux du pont, qui interceptent les ouvertures par lesquelles pénètrent l'air et la lumière, ces canonniers qui les fourbissent, ces hommes grands et vigoureux qui manient des boulets, des refouloirs, des écouvillons de calibres inusités, cette cale peu profonde où la machine se développe en longueur comme un lion accroupi, tout cela forme un tableau qu'il est plus facile de se rappeler que de rendre, tout cela respire la force, la solidité, la puissance exprimées par le volume et le poids des objets qui tombent sous les regards, augmentées encore pour l'imagination par les ombres, par l'incertitude du jour. Quelle différence entre cet aspect et celui de la batterie d'une frégate, surtout dans une belle journée comme celle où j'ai visité le *Glatton!* Là l'air et la lumière, qui entrent et pénètrent partout, tempèrent la rigueur de l'appareil militaire et invitent l'homme à embellir sa demeure, car il jouira de tous les ornements qu'il y saura disposer. Au lieu de soupiraux, vous avez de véritables fenêtres; au lieu d'une sorte de cave obscure dont le plancher atteint à peine au niveau de l'eau, vous avez devant vous une salle immense qui domine réellement les flots, où la vue se promène sans hésitation de bout en bout, depuis la cuisine qui est à l'avant, jusqu'aux grands appartements qui sont à l'arrière, depuis le factionnaire de la mèche jusqu'à la sentinelle qui monte la garde à la porte du commandant. Ici ce sont les mousses qui apprennent leurs leçons, là les aspirants qui lisent des romans ou complètent leurs journaux de navigation, ailleurs des hommes qui raccommodent leur linge, plus loin encore d'autres qui jouent au loto, jeu simple et peu savant, mais chéri des marins, pour qui il ramène éternellement les mêmes plaisanteries, toujours accueillies par les mêmes éclats de rire. Que sais-je? C'est le parc aux moutons, ce sont les bœufs qui ruminent dans leurs postes à canons, ce sont les poules qui crient dans leurs cages; c'est animé, c'est vivant, c'est varié, c'est presque gai, lors même qu'il y aurait deux mois que vous n'avez vu la terre. Au contraire, le marin ne fait que camper dans la batterie flottante, mais il ne l'habite pas, car il ne saurait y trouver de place pour loger son ménage; tout le porte à ne considérer son séjour à bord d'un navire de ce genre que comme un embarquement transitoire: le voisinage perpétuel de la terre, l'impossibilité de faire campagne et même de naviguer tout seul, l'exiguïté des approvisionnements qu'il lui est permis d'emporter avec lui, la dépendance incessante où il est de ces remorqueurs, des ports, des arsenaux, toutes les circonstances semblent se réunir pour l'empêcher de regarder un pareil navire comme sa maison. C'est un bivouac, c'est une tranchée, c'est un de ces ouvrages où les soldats allaient monter des gardes de vingt-quatre heures devant Sébastopol; mais, à moins qu'on ne la modifie très-largement, la batterie flottante ne sera jamais la demeure du marin.

Tout cela n'empêche pas qu'une fois rendue à son poste de combat, la batterie flottante ne soit une arme très-redoutable, et qui a tenu à Kinburn toutes les promesses qu'on avait faites en son nom. Placées à des distances qui variaient entre

850 et 1,150 mètres, la *Dévastation*, la *Lave* et la *Tonnante* ont reçu chacune en moyenne de 60 à 80 coups de canon du calibre de 24 sans que leur carapace ait cédé : c'était le point important. Elles n'ont eu d'hommes blessés que par des coups d'embrasure, c'est-à-dire par des boulets qui étaient entrés par leurs étroits sabords. En trois heures de combat, enfin, elles avaient ouvert dans les murs du fort une brèche praticable. Pour être juste, ce n'est pas tant aux batteries qu'il faut faire honneur de ce dernier résultat qu'aux marins qui les montaient. États-majors et équipages, c'étaient des hommes choisis et qui ont bien répondu à la confiance qu'on avait mise en eux. Je connais peu de pièces qui soient faites pour donner une plus haute idée de la marine française que les trois rapports particuliers des capitaines de frégate de Cornulier, de Montagnac et Dupré sur l'affaire de Kinburn. Point de phrase vaine, pas de retour ambitieux sur le succès qu'ils viennent d'obtenir, rien de personnel, tout est consacré au service, au compte rendu simple, net et merveilleusement régulier du détail de l'opération que chacun a conduite. On ne dirait pas que ce sont des vainqueurs qui parlent, mais des savants qui poursuivent laborieusement une expérience dans un laboratoire de chimie. Eussent-ils aussi bien réussi à Cronstadt ? C'est une question qu'il ne faut pas se hâter de résoudre par l'affirmative. A Kinburn, on

n'avait eu affaire qu'à un petit fort déjà investi
du côté de la terre par le corps du général Bazaine,
portant en tout sur ses remparts quatre-vingt-un
mortiers ou canons du calibre maximum de 24;
et l'on avait pu pour l'attaquer prendre des positions qui limitaient à vingt ou vingt-cinq le nombre des pièces qui ont combattu du côté de l'ennemi, tandis que les trois batteries flottantes
étaient à elles seules armées de quarante-huit
pièces de 50, étaient appuyées et soutenues par dix
vaisseaux de ligne portant près d'un millier de
bouches à feu, par dix-huit bombardes ou canonnières, par une douzaine de frégates à vapeur,
tous également pourvus d'une artillerie supérieure
en calibre à celle de la place. A Cronstadt il n'en
eût pas été de même. Si l'on eût tenté de s'approcher des remparts pour y faire brèche, les batteries
flottantes ne pouvant guère recevoir d'appui que
des canonnières, eussent probablement rencontré
partout des masses d'artillerie égales à celles
qu'elles auraient pu faire jouer elles-mêmes,
égales en nombre et en partie supérieures pour le
calibre. Dans ces conditions, trois heures n'eussent
pas suffi sans doute, comme à Kinburn, pour obtenir le résultat que l'on cherchait, et les cuirasses
qui avaient résisté avec avantage aux boulets de 24
n'auraient peut-être pas soutenu aussi facilement,
et pendant un combat prolongé, le choc de boulets
de 60, de 80 et même de 120, car on assure que

les Russes avaient de leur côté préparé pour la défense de leur principal arsenal, du boulevard de leur capitale, des pièces de ce calibre.

Voilà pourquoi, s'il me semble indubitable que Cronstadt eût pu être ruiné, écrasé, incendié par les bombardes, il ne me paraît pas aussi certain qu'on eût réussi à faire des brèches praticables dans ses remparts, et surtout à les occuper militairement à la suite d'un assaut victorieux. Voilà aussi pourquoi la prudence aurait conseillé, je crois, de commencer l'opération par un bombardement de plusieurs jours avant d'amener les batteries flottantes sous le feu des remparts attaqués, pourquoi elles n'auraient, à vrai dire, rempli dans cette occasion que le rôle de batteries de brèche. A Kinburn, les circonstances locales avaient permis de brusquer l'affaire par un coup de main ; mais ce qui a si bien réussi là pouvait bien aussi n'être pas de mise ailleurs. Nous sommes trop enclins en France à nous engouer des nouveautés, et il me semble qu'on était tout prêt à le faire à propos des batteries flottantes. Contentons-nous d'avoir les honneurs de cette invention, qui nous appartient bien réellement, que nous avons expérimentée avec un succès incontestable, et qu'il faut s'appliquer à perfectionner, car désormais les batteries flottantes ont pris rang dans le matériel des armées navales. Nous avons fait du premier coup mieux que nous n'espérions nous-mêmes ; cela doit nous encourager d'autant plus que les défauts que l'on peut reprocher aux batteries actuelles tiennent à des circonstances connues, acceptées volontairement d'avance, et par conséquent il ne nous sera sans doute pas difficile de les corriger. Lors même d'ailleurs que l'on ne parviendrait pas à en faire des navires très-supérieurs à ce qu'ils sont encore aujourd'hui, il ne faut pas oublier que la plupart des imperfections qu'on regrette en elles quand il s'agit d'aller faire au loin la guerre offensive, disparaissent dans la guerre défensive, et que dès maintenant elles représentent la meilleure arme dont nous puissions faire usage pour la protection de nos rades, de nos ports, de nos arsenaux, de l'embouchure de nos fleuves si jamais ils étaient attaqués. Dans cette hypothèse, les batteries flottantes rendraient des services incomparables. Tout cela forme un bel ensemble de titres à la considération ; en les exagérant on ne pourrait qu'affaiblir les motifs de satisfaction légitime que l'amour-propre national puise dans la création des batteries flottantes.

NOTE DE L'ÉDITEUR.

A ces considérations sur la marine militaire de la Grande-Bretagne, nous ajouterons, pour terminer, la statistique de la marine de guerre des principales puissances maritimes. Cette statistique est extraite de l'*Almanach de Gotha*, qui est celui des souverains et des hommes d'État.

États-Unis de l'Amérique du Nord.

Flotte en octobre 1844.

10 vaisseaux de ligne	1 à 120	120	canons.
	8 à 84	672	—
	1 à 80	80	—
13 frégates	1 à 56	56	—
	12 à 50	600	—
20 corvettes.	8 à 22	176	—
	8 à 20	160	—
	4 à 16	64	—
4 bricks, ensemble		20	—
1 schooner.		3	—
6 frégates à vapeur.		91	—
4 vapeurs de première classe.		26	—
5 vapeurs plus petits		4	—
9 bâtiments de transport, etc.		48	—

Total : 72 bâtiments portant 2120 canons.

En construction :

6 frégates à vapeur de 50 canons, ensemble 300 canons.

Officiers de marine : 68 capitaines, 97 commandeurs, 327 lieutenants, 69 sergents, etc.

Le corps d'infanterie de la marine, formant une brigade, compte 13 capitaines, 20 premiers et 20 seconds lieutenants, et environ 1,100 hommes, tant officiers non commissionnés que musiciens et soldats.

Marine. — Commandants d'escadre.

Commodore	John T. Newton,	Océan atlantique.
»	William D. Salter,	Côtes du Brésil.
»	William Mervine,	Océan Pacifique.
»	Silas H. Stringham,	mer Méditerranée.
»	Isaac Mayo,	Côtes d'Afrique.
»	Matthew C. Perry,	Indes orientales.

Commandeur, Cadwalader Ringgold, chef de l'expédition dans la mer Pacifique du nord.

Commandeur du corps de la marine : le général de brigade Henderson.

Grande-Bretagne.

Bâtiments à voile, achevés.

8 bâtiments de	120		960 canons.
1 — de	116		116 —
7 — de	100 à 104		723 —
4 — de	90 à 92		360 —
16 — de	80 à 84		1320 —
16 — de	70 à 78		1184 —
28 — de	50		1400 —
39 — de	40 à 46		2654 —
3 — de	30 à 36		108 —
21 — de	20 à 28		529 —
59 — de	10 à 19		810 —
46 — de moins de	10		256 —
42 — sans canons.			

290 bâtiments à voile, portant. . . . . 10421 canons.

En construction.

1 bâtiments de	120	120 canons.
2 — de	116	232 —
5 — de	90 à 92	450 —
1 — de		80 —
2 — de	60	120 —
1 — de		50 —

12 bâtiments, portant.. . . . . 1052 canons.

Vapeurs à hélices, achevés.

1	bâtiments	de		131	can.	Force	700	chev.
2	—	de 120		240	—		900	—
2	—	de 100 à 104		201	—		1400	—
9	—	de 90 à 92		816	—		4400	—
5	—	de 80 à 84		400	—		2000	—
1	—	de		70	—		350	—
9	—	de 60		540	—		1800	—
2	—	de 50		102	—		760	—
1	—	de		46	—		360	—
4	—	de 30 à 36		128	—		1530	—
7	—	de 20 à 28		156	—		2920	—
18	—	de 10 à 19		277	—		5292	—
130	—	de moins de 10		535	—		26666	—
40	—	sans canons		—	—		5341	—

231 bâtiments portant   3643 can. Force 54419 chev.

En construction.

1	bâtiments	de		130	can	Force	800	chev.
1	—	de		120	—		1000	—
2	—	de 120		240	—		—	—
2	—	de 116		232	—		—	—
2	—	de 100 à 104		200	—		1600	—
4	—	de 90 à 92		360	—		2400	—
1	—	de		80	—		400	—
9	—	de 50		451	—		3000	—
3	—	de 30 à 36		94	—		1600	—
9	—	de 20 à 28		180	—		1600	—
4	—	de 10 à 19		64	—		300	—
3	—	de moins de 10		24	—		120	—
17	—	sans canons		—	—		2750	—

58 bâtiments, portant   2175 can. Force 15570 chev.

Ensemble : 591 bâtiments, portant 17291 canons, et ayant une force de 69989 chevaux.

En outre, 110 bâtiments pour le service des ports.

Marine. (Navy-List, juillet 1855).

Corps de la marine royale en 1855-56.

	en activ.	demi-solde		en retraite.	
Amiraux. . . .	21	13	—	—	—
Vice-amiraux. . .	27	17	—	—	—
Contre-amiraux. .	51	47	31	88	119
Capit. de vaiss. .	399	50	81	98	179
Commandeurs. .	550	208	99	238	337
Lieutenants. . .	1177	708	—	—	—

Personnel 1855-56 (*service actif.*)

Officiers de pavillon.	218
Inspecteurs des carénages.	42
Officiers commiss. et autres. . . .	4034
Sous-officiers (warrant-officers). . . .	887
Matelots.	38849
Mousses (boys).	10000
	54000 h.
Soldats de marine.	13822
Artillerie de marine.	2112
	15394 h.

Autriche.

Marine en 1854.

6 frégates portant ensemble.	215 canons.
5 corvettes	100 —
7 bricks.	112 —
5 goëlettes	50 —
2 pontons . . . , ...	24 —
1 bombarde.	10 —
34 péniches.	102 —
18 chaloupes canonnières.	72 —
5 bricks schooners	20 —
10 bateaux à vapeur	47 —
9 trabaccoli.	
102 bâtiments, portant.	752 canons.

Personnel en 1855 : 1 contre-amiral ; 8 capitaines de vaisseau ; 10 capitaines de frégate ; 11 capitaines de corvette ; 29 lieutenants de vaisseau ; 21 lieutenants de frégate ; 40 enseignes de vaisseau ; 47 enseignes de frégate et 89 cadets de marine.

1 corps de matelots ; 4 compagnies d'artillerie de marine ; 1 régiment d'infanterie de marine ; le corps des flottilles, formé de 7 compagnies de campagne et d'une compagnie de dépôt (1200 hommes), sous les ordres du commandant des pionniers.

Commandant suprême de la marine (Trieste).

Commandant en chef. S. A. I. l'archiduc Ferdinand-Maximilien, contre-amiral; *ad latus* et suppléant : le contre-amiral Alex. chev. de Buiacovich.
    I. sect. (opérations) : le capitaine de vaisseau baron de Bourguignon.
    II. sect. (matériel) : le capitaine de frégate E. Preù.
    III. sect. (administr.) : Le commissaire suprême de guerre François Cozzer.

Administration centrale de la marine.

Président : le FML. et cons. int. act. baron de Mertens.
Vice-président : de Gutmannsthal.

Danemark.

Marine en 1855.

5 vaisseaux de ligne . {	3 à 84 canons . . .	252 canons.
	1 à	72 —
	1 à	66 —
6 frégates . . . . {	1 (rasé) à.	60 —
	1 à	48 —
	3 à 46	138 —
	1 à	44 —

4 corvettes : 1 à 28, 2 à 20, 1 à 14. 82   —
1 barque à. 12   —
4 bricks : 2 à 16, 2 à 12 56   —
3 schooners : 1 à 8, 2 à 1 10   —
89 chaloupes canonnières.
7 bâtiments à vapeur, d'une force totale de
    1080 chevaux et portant ensemble. . . 43   —
1 cutter à. . . . . faucconniers 6   —

____

120 bâtiments.   889 canons.

Personnel.

1 vice-amiral.
2 contre-amiraux.
8 commandeurs.
8 capitaines-commandeurs.
19 capitaines.
23 capitaines-lieutenants.
38 premiers lieutenants.
42 seconds lieutenants.
7 officiers à la suite.
1 corps de cadets.

Outre les officiers, le personnel de la marine comprend deux
divisions formées d'un corps d'artillerie (315 hommes), d'un
corps de matelots (245 hommes), de 225 mousses et d'environ
1200 ouvriers, en tout 2000 hommes.

Deux-Siciles.

Flotte.

2 vaisseaux de ligne (le *Vésuve* et le *Saint-Charles*, chacun
de 84 canons), 5 frégates, deux de 50, une de 48 et deux de
46 canons ; 2 corvettes, une de 22 et l'autre de 14 canons ; 5
bricks, 1 goëlette, 12 frégates à vapeur, dont 10 ayant une
force de 300 chevaux, 1 de 400 et une de 450 ; 14 petits bâtiments à vapeur.

Personnel : 1 vice-amiral, 5 contre-amiraux, 9 brigadiers,
8 capitaines de vaisseau, 17 capitaines de frégate, 30 lieutenants de vaisseau et 26 enseignes.

Le régiment d'infanterie de marine compte 2 bataillons ou
12 compagnies ; le corps d'artillerie de marine 14 compagnies,
chacune de 225 hommes ; deux compagnies sédentaires de 138
hommes, et le corps d'état-major 42 hommes. — Le corps de
matelots : 104 officiers et 800 hommes, et le corps du génie
18 officiers.

Marine.

Vice-amiraux.

S. A. R. le comte d'Aquila, président du conseil d'amirauté.
J. de Blasi, marquis de Camporéal, vice-président du conseil d'amirauté.

Contre-amiraux.

A. Sori Carafe ; J. Ant. della Spina ; F. X. Garofalo ; L. Pal-
ma. — Major-gén. F. Roberti, brigadier. — Intendant-
général de la marine, P. L. Cavalcanti, brigadier. — Direc-
teur du génie de marine, le maréchal de camp honoraire
F. Sabatelli.

Espagne.

Marine 1855.

4 vaisseaux de ligne.
9 frégates.
8 corvettes.
15 bricks de première classe.
4 bricks de deuxième classe.
5 bricks-goëlettes.
6 goëlettes.
40 vapeurs.
319 petits bâtiments.

— —

410 bâtiments en tout, portant 1250 canons et 280 pierriers. Les vapeurs ont une force totale de 9970 chevaux. Le personnel compte 1115 officiers de tous grades, 575 *micanicieres* et 13507 soldats et matelots.

Marine.

Capitaine-général : D. Francisco Javier de Ulloa (1852)

Lieutenants-généraux.

D. Dionisio Capax.
D. Franc. Armero y Penaranda.
D. Casimiro Vigodet.
D. José Baldasano y Ros.
D. Pedro de Micheo.

Chefs d'escadre.

D. Ant. Fern. de Landa.
D. Antonio Santa-Cruz.

D. Joaquim Bocalan.
D. Antonio Doral.
D. Juan de Dios Sotelo.
D. Juan José Martinez.
D. José Ruiz de Apodaca.
D. José Maria de Bustillo.
D. Man. de Quesada.
D. Ign. Fern. Flores.

Surnuméraires.

D. José Maria Halcon.
D. Antonio Estrada.
D. Rafaël Legobien.
D. Baltasar Vallarino.

État-major de la flotte.

Directeur-général : le lieutenant-général D. Franc.-Jav. de
   Ulloa.
Président de la junte : le même.

France.

Marine. 1854.

Bâtiments.   Canons.

53 vaisseaux mixtes ou à voile portant (9 à 120, 14
à 100, 19 à 90, 11 à 80 et 82 canons). . . .   5096

58 frégates (42 de 50 à 60, 16 de 40 à 46 canons).   3955

39 corvettes   868

101 bricks, goëlettes et cutters.   1066

39 corvettes de charge et gabarres (ces dernières
d'une capacité de 18500 tonnes).   788

290 bâtiments portant. 11773

Vapeurs.

3 vaisseaux de ligne. . . . .)
20 frégates. . . . .) d'une force de 28750
30 corvettes.. . . . .)   chevaux.
64 avisos . . . .)

407

D'après le *Moniteur de la flotte*, ont été lancés à la mer durant l'année qui vient de s'écouler :

14 bâtiments de guerre, dont 9 vaisseaux de ligne; mis en construction : 32 nouveaux bâtiments. En outre, la flotte a été augmentée d'un nombre considérable de chaloupes canonnières, de bombardes, etc.

Au 1er janvier 1855, le cadre des officiers de marine comptait :

Amiraux.   2
Vice-amiraux.   17
Contre-amiraux.   37
Capitaines de vaisseau. . . .   108
Capitaines de frégate.   238
Lieutenants de vaisseau. . . .   658
Enseignes   614

Amiraux.

Parseval-Deschesnes (1854);
Hamelin (1854).

Vice-amiraux (activité).

Du Petit-Thouars (1846).
Lainé (1847).
Tréhouart (1851).
Le Prédour (1852).
Dubourdieu (1852).
Laplace (1853).
Desfossés (1853).
Vaillant (1854).
Montagnié de la Roque (1855).
De Suin (1855).
Charner (1855).
Le Barbier de Tinan (1855).

Aumônier général de la flotte.

L'abbé Coquereau (1852).

Gréce.

Marine royale en 1855.

2 corvettes, une à 26 et une à 22	48	canons.
1 — à vapeur, à 6	6	—
3 bricks, deux à 16 et un à transport . . .	32	—
7 goëlettes, ensemble	32	—
1 cutter à 8.	8	—
1 yacht à 1.	1	—
2 cutters bateaux de poste.	—	—
4 chaloupes canonnières.	12	—
4 barques canonnières.	4	—
25 bâtiments portant	143	canons.

Pays-Bas.

Marine au 1ᵉʳ juillet 1855.

Bâtiments.	Canons.
2 vaisseaux de ligne de chacun 84.	168
2 — — — 74.	148
6 frégates de première classe de 60 à 54, dont 2 à hélices	454
8 frégates de deuxième classe de 44 à 38.	398
1 frégate rasée de	28
12 corvettes de 18 à 28, dont 2 à hélice.	366
10 bricks de 12 à 18.	230
18 goëlettes de 6, dont une à hélice.	108
19 bâtiments de guerre à vapeur.	
2 corvettes de charge.	
2 frégates. . 1 corvette. .⎱ vaisseaux de port portant.	100
83 bâtiments portant	2000
58 chaloupes canonnières.	74

Le corps de la marine se compose d'un amiral, d'un lieutenant-amiral, de 2 vice-amiraux, 4 contre-amiraux, 20 capitaines de vaisseau, 32 capitaines de frégate, 300 lieutenants de première et deuxième classes, 70 aspirants de première classe, 70 aspirants de deuxième classe, 83 officiers de santé de différentes classes et 81 officiers d'administration.

Force de la marine au 1ᵉʳ juillet 1855.

La force de la marine néerlandaise en service actif était à cette époque de 6180 hommes, non compris les marins indigènes de service aux Grandes-Indes, au nombre de 580, et de deux divisions d'infanterie de marine, dont la moitié est ordinairement embarquée et dont le cadre est fixé à 1588 hommes.

Marine.

Amiral de la flotte.

S. A. R. le prince Frédéric des Pays-Bas.

Lieutenant-amiral et commandant en chef de la flotte.

S. A. R. le prince Henri des Pays-Bas.

Vice-amiral.

E.-G. Van der Plaat.

Contre-amiraux.

H. Ferguson.
J.-F.-D. Bouricius.
W.-J. Jolly.
D. Byl de Vroe.

Portugal.

Marine.

1 vaisseau de. . . . , ...	80	canons.
1 frégate de.	50	—
6 corvettes de 18.	108	—
2 bricks de 18.	36	—
2 — 16	32	—
2 — 6.	12	—
1 brick-schooner	3	—
1 —	2	—
10 schooners.	32	—
12 autres petits bâtiments	23	—
6 vapeurs.	26	—
44	**404**	**canons.**

En construction : 1 corvette, 1 brick, 1 schooner.

Le personnel se compose d'un vice-amiral, d'un contre-amiral (chef-d'escadre), de 4 chefs de division, de 10 capitaines de vaisseau, de 20 capitaines de frégate, de 30 capitaines-lieutenants, 50 lieutenants de première classe, 100 lieutenants de deuxième classe ; total 216.

Commandement de la marine.

Major-général : le vice-amiral baron de Lazarim (1836).

Amiral honoraire.

Comte de Napier Saint-Vincent (sir Charles Napier, 1833).

Vice-amiral.

Le baron de Lazarim (1855).

Prusse.

Marine en 1855.

2 frégates (*Géfion* et *Thétis*)	86	canons.
2 frégates à vapeur (*Danzig* et *Barbarossa*).	22	—
1 corvette à voiles (*Amazone*)	12	—
2 schooners (*Hécla* et *Frauengabe*)	6	—
1 bâtiment de transport (*Mercure*)	6	—
36 chaloupes canonnières de 2 canons. . . .	72	—
6 yoles canonnières.	6	—
50 bâtiments de guerre portant.	210	canons.

Personnel en 1855 : 112 officiers, 1 corps de matelots, etc., 1098 hommes ; bataillon de marine : 18 officiers et 445 soldats ; ensemble, sur le pied de guerre, 3500 hommes.

Russie.

Flotte en 1854.

Elle était formée de deux divisions, savoir : a, flotte de la mer Baltique; b, flotte de la mer Noire, et comptait 60 vaisseaux de ligne de 70 à 120 canons chacun ; 37 frégates de 40 à 60 canons ; 70 corvettes, bricks, brigantines et 40 vapeurs.

Cette flotte était armée de 9000 canons. La force totale des équipages était de 42000 matelots et de 20000 soldats de marine, y compris les artilleurs. Outre un grand nombre de chaloupes canonnières, de galères, etc., il existe des flottilles naviguant sur la mer Caspienne et sur la mer d'Ochotzk. — Les frais approximatifs de la flotte s'élèvent annuellement à 12 millions de roubles ou 13 millions d'écus de Prusse.

Marine.

Commandant en chef : S. M. l'empereur.

État-major de S. M.

Le grand-amiral S. A. I. le grand-duc Constantin.
Le vice-amiral comte Heyden, général de service ; et le
    général d'artillerie Primeau.

Inspecteurs généraux de la marine.

Artillerie : le général d'artillerie Primeau.
Chantiers et arsenaux : le lieutenant général Mossloff Ier
Ingénieurs : l'amiral Bogdanowitsch.
Pilotes : le général-lieutenant Davidoff.
Écoles de la marine : le général-lieutenant Kochius.

Flotte.

Grand amiral : S. A. I. le grand duc Constantin.

Aides de camp généraux : les amiraux de Lutke Ier ; prince Menschikoff. — Les vice-amiraux : comte Heyden et Putjatin.

Dans la mer Baltique.

1re division :	le contre-amiral	Schants.
1re brigade :	»	Stroukhoff.
2e »	»	Loutowski II.
3e »	»	. . . . . .
2e division :	le contre-amiral	Mitkow.
1re brigade :	»	Rosen.
2e »	»	de Moller Ier.
3e »	»	Tirinoff.
3e division :	le contre-amiral	Schikmanoff.
1re brigade :	»	Nikonow.
2e »	»	. . . . . .
3e »	»	de Nordman Ier.

Dans la mer Noire.

4e division :	le vice-amiral	Novossilsky.
1re brigade :	le contre-amiral	Voukharine Ier.
2e »	»	Voukotitch II.
3e »	»	. . . . . .
5e division :	le vice-amiral	Pamphiloff.
1re brigade :	le contre-amiral	. . . . . .
2e »	»	Woulff.
3e »	»	Tsebrikow.

Sardaigne.

Marine.

1 commandement général à Gênes. Trois départements : Gênes, Villafranca et l'île de Sardaigne.

Le personnel de la flotte se compose de 2860 hommes, dont 1 vice-amiral, 2 contre-amiraux, 7 capitaines de vaisseau, 6 capitaines de frégate.

Matériel : 4 frégates à voiles et 4 à vapeur, 4 corvettes, 3 brigantines, 1 brick, 10 bâtiments à vapeur, etc. ; en tout 40 navires de guerre et 900 canons.

Marine.

Président du conseil permanent consultatif de la marine : le commandeur Joseph Albini, vice-amiral.

Président du conseil d'amirauté marchande et du conseil administratif de la marine royale : chev. Louis Courtois d'Arcollières, contre-amiral.

Commandant général de la marine royale : chev. Émile Pelletta, contre-amiral, commandeur.

Suède.

Flotte.

<pre>
 10 vaisseaux.
  8 frégates.
  8 bricks et corvettes.
  6 schooners.
  8 bâtiments à mortiers.
 22 bâtiments de transport.
256 chaloupes canonnières.
 12 vapeurs.
</pre>

Marine.

Charles-Frédéric Coyet, amiral.
Jean-Henri Kreuger et Charles-Auguste baron de Gyllengranat,
  vice-amiraux.

Contre-amiraux.

Charles-Reynold baron Nordenskioeld.
Salomon-Maurice de Krusenstjerna
Charles-Jean Ulner.
Folke-Magnus comte Puke.
Crétien-Adolphe de Virgin.

Norwége.

Flotte en 1855.

3 frégates, dont une à hélice.
5 corvettes, dont 2 à hélice.
6 schooners, dont 1 à hélice.
126 chaloupes canonnières.
3 bateaux à vapeur armés.
2 — —

} 145 bâtiments portant 450 canons.

Personnel : 1 contre-amiral, 1 commandeur, 3 capitaines-commandants, 12 capitaines, 12 lieutenants-capitaines, 24 lieutenants, 32 sous-lieutenants.

Cadre des équipages, 500 hommes.
Conscription maritime, 46000 hommes.

Marine.

Gabriel Hesselberg, contre-amiral.

Turquie.

Flotte.

Au commencement de l'année 1853 la flotte ottomane était composée de :

    2 vaisseaux à 2 rangs de. . . . . 130 à 120 canons.
    4   —   à 2   —   . . . . 90 à 74   —
   10 frégates à voiles de. . . . . 61 à 40   —
    6 corvettes de . . . . 26 à 22   —
   14 bricks de. . . . . 20 à 12   —
   16 cutters, schooners, etc., de. . . . . 12 à   4   —
    6 frégates à vapeur de. . . . . 801 à 450 chevaux
   12 corvettes et bâtiments inférieurs.
   ——
   70 bâtiments. — 34000 matelots et 4000 soldats d'infanterie
       de marine.

Marine.

Le Capoudan pacha, grand amiral : Halil pacha.
L'état-major général comprend : 5 amiraux (férik-bahriè),
    3 vice-amiraux (bahriè-livaci), 8 contre-amiraux (bahriè-
    mir-alaï).

IMPRIMERIE DE MUNZEL FRÈRES, A SCEAUX.